¡BIENVENIDOS A
EGIPTO!

Meseta y necrópolis de Guiza.

Desde el siglo XV, el «*Viaje a Egipto*» ha sido la aventura imprescindible que han tenido que emprender los eruditos y científicos europeos para ampliar sus conocimientos, pero también para comparar la leyenda con la realidad. Y así fue para el visitante que se dispuso a recorrer las tierras de cultivo del delta, las orillas limosas del Nilo y las arenas ardientes de los desiertos del país. El perfil del faraón, portador de la doble corona del Alto y Bajo Egipto, sigue proyectando su magnificencia sobre el país. El pueblo egipcio acaba de vivir una revolución, habiendo derramado su sangre para hacer realidad la democracia. La historia, que lleva siete milenios modelando el país, sigue su marcha inexorable, igual que el río sigue su curso y da vida a quienes beben de él. Seguro de ser «la madre del mundo», Egipto sigue acogiendo, con los brazos abiertos, a todos aquellos que desean descubrir sus extraordinarios e incomparables monumentos, pues sigue siendo eterno. Tierra de historia, pero también mar de buceo, ya que Egipto y el mar Rojo son famosos en todo el mundo por sus arrecifes de coral. Aunque algunas zonas están oficialmente desaconsejadas, no hay que tener miedo en otros lugares; los egipcios son tan amables como siempre, deseosos de dar a conocer su país a todos los que se acerquen, por su rico patrimonio, sus aguas turquesas y su arena blanca, su cadena de oasis y sus montañas bíblicas. Vamos, es hora de emprender su propio «*Viaje a Egipto*».

AF276497

Pintura mural de las divinidades Ra y Maat en la tumba de Tausert.

ÍNDICE

DESCUBRE

El Nilo cerca de Asuán.

LO MÁS DESTACADO DE EGIPTO

Una tierra de aventuras y fuertes emociones

Los amantes de los grandes espacios abiertos estarán encantados en Egipto. La inmensidad del desierto ofrece al viajero, ya sea a pie, acompañado por una caravana de camellos o en 4x4, la posibilidad de llegar lejos, muy lejos, hasta los lugares más recónditos del paisaje mineral, entre las arenas de las llanuras y las montañas de caliza o granito. Asimismo, las profundidades abismales del mar Rojo atraen a submarinistas de todo el mundo que vienen a nadar con los tiburones y delfines que ondulan entre los inmensos arrecifes de coral.

Un clima soleado todo el año

Si bien no existen las estaciones en El Cairo, donde siempre hace buen tiempo, suele refrescar de enero a abril. La costa mediterránea atrae la lluvia en invierno, que rara vez oscurece los cielos de El Cairo, y menos aún los del valle del Nilo. El verano es muy caluroso, húmedo desde El Cairo hacia el norte y seco en el valle.

© DMITRY V. PETRENKO – SHUTTERSTOCK.COM

Hurgada.

© AUTHOR'S IMAGE

Templo de Karnak, el gran templo de Amon es un museo al aire libre.

Se puede nadar todo el año en el mar Rojo, aunque en invierno el agua está más fría y puede soplar el viento.

Un gran lugar para vivir

Esta es la tierra de la buena vida, donde el tiempo influye poco en la vida cotidiana. Siga el agradable ritmo de la población y déjese llevar por lo que surja. Es lo que nos enseña este país, demasiado viejo y venerable como para ir con prisas; en vacaciones, haga lo mismo y deje el estrés en el aeropuerto.

Un patrimonio histórico milenario

Siete mil años de civilización han dado forma al país, ofreciendo al visitante toda su riqueza cultural, tradicional y religiosa. Entre las dinastías faraónicas, el periodo helenístico más reciente, el desarrollo del cristianismo y los fundamentos del islam, el viajero tiene donde elegir. A su paso, descubrirá que Egipto es una tierra de diversidad y contrastes, donde conviven sin enfrentamientos, de acuerdo con una cierta idea de tolerancia de la que sus habitantes están orgullosos.

Un pueblo acogedor

Llama la atención el sentido del servicio que se vive en Egipto. No es raro que, al desviarse de su camino, le inviten a compartir un té a la menta en un oasis, una aldea o en la cabaña del guarda de un templo, y le pregunten con gran interés. Para cuando se despida de su improvisado anfitrión, ya se habrá impregnado de su entusiasmo. Aunque sus caminos no vuelvan a cruzarse, conservará el sabor de una complicidad compartida por un momento.

FICHA TÉCNICA

País

- **Nombre oficial:** República Árabe de Egipto.
- **Capital:** El Cairo.
- **Superficie:** 1 001 450 km².
- **Idioma oficial:** árabe. También se habla inglés y francés.

Población

- **Población:** 106 millones (2024).
- **Densidad:** 113 habitantes/km² (2023).
- **Tasa de natalidad:** 20,48 ‰ (2023).

© KHARPS - ISTOCKPHOTO.COM

Falúas en el Nilo a su paso por Asuán.

- **Tasa de mortalidad:** 6,39 ‰ (2022).
- **Esperanza de vida:** 72,56 años para las mujeres y 67,87 años para los hombres (2022).
- **Tasa de alfabetización:** más del 82 % (2023).
- **Religiones:** 90 % musulmanes sunníes; 10 % cristianos coptos ortodoxos, minorías católicas orientales.

Economía

- **PIB:** 357 825 millones de dólares (2024).
- **PIB/habitante:** 3513 USD (2023).
- **PIB/sector:** agricultura: 11,9 %, industria: 33,1 %, servicios: 55 %.
- **Tasa de crecimiento:** 3,76 % (2023).
- **Tasa de desempleo:** 7,6 % (2023).
- **Tasa de inflación:** 33,7 % (2024).

Huso horario

La diferencia horaria es de una hora más durante once meses al año; durante un breve periodo transitorio, ambos países tienen la misma hora. Los cambios de hora en Egipto se producen generalmente en torno al 1 de mayo y el 1 de octubre. Cuando en El Cairo son las 9 h, en Madrid son las 8 h.

© GIORGIO CARACCIOLO - SHUTTERSTOCK.COM

DESCUBRE

Tormenta de arena en la meseta de Guiza.

Clima

El clima de El Cairo es siempre húmedo, debido al Nilo, y caluroso de abril a septiembre. Después, las temperaturas descienden ligeramente y por las noches de enero a marzo hace falta un jersey. En invierno puede llover.

En Alejandría y en la costa mediterránea, la humedad es mayor, sobre todo en verano. En invierno también llueve mucho más que en El Cairo.

LA BANDERA EGIPCIA

Adoptada el 4 de octubre de 1984, la bandera egipcia está formada por tres franjas horizontales: roja, blanca (con un águila dorada) y negra. Estos tres colores han sido adoptados por muchos países del mundo árabe (Siria, Palestina, Jordania, etc.), lo que refleja la influencia de Egipto en todo el mundo islámico. El rojo simboliza la  sangre derramada por el pueblo y el blanco representa el futuro radiante del país, mientras que el negro es el testigo de los años de opresión. En el centro de la bandera hay un símbolo de la unidad árabe, el águila dorada de Salah al-Din (Saladino), el sultán ayubí (1138-1193) que unió Egipto, Siria, Mesopotamia y el Hedjaz en un solo reino.

EGIPTO EN 10 PALABRAS

Café

Más que una simple bebida, la *qahwa* se consume en grupo, acompañada de una *shisha*. Finamente molida y hervida en una *kanaka*, la *qahwa* puede beberse *sada* (sin azúcar), *masbout* (solo media dosis) o *sokkar ziyada* (con mucho azúcar), y siempre está aromatizada con cardamomo. En los cafés también se habla de política (con cautela).

Egiptomanía

Sin embargo, esta pasión, que se desarrolló en el siglo XIX al mismo tiempo que la escuela orientalista, se remonta mucho más atrás: los viajeros occidentales, entre ellos Pierre Belon du Mans (cuyos relatos publica el Instituto Francés de Arqueología Oriental, venerable institución creada en El Cairo en 1907), ya acudían a Egipto en el siglo XVI. Por supuesto, el interés europeo por el país no despegó hasta después de la expedición de Bonaparte (1798-1801): en Francia, los ebanistas de Napoleón I crearon el estilo «Retour d'Égypte», que llevó las formas piramidales y esfinges a la arquitectura francesa. España también cuenta con su influencia, siendo un ejemplo las pirámides y obeliscos en el cementerio de Poblenou, en Barcelona. Hoy, sin embargo, son viajeros de otras nacionalidades los que más visitan el país. Pero los egipcios lamentan que el interés de los extranjeros por su nación solo se enfoque en un Egipto antiguo e idealizado, que deja de lado la vida cotidiana actual.

Ful

El *ful* (haba) es el alimento básico de la dieta egipcia. Se dejan en remojo toda la noche en agua mezclada con bicarbonato de sodio y luego se cuecen a fuego lento durante unas horas en una olla de cuello estrecho. Se puede añadir aceite de oliva, huevos fritos, *basterma* (carne de res seca al estilo armenio) o *tahina* (pasta de sésamo). Se come en plato o hecho puré en un panecillo sin levadura. El *ful* es muy rico en proteínas vegetales, lo que, gracias a ser muy asequible, permite a mucha gente sustituir la carne, cada vez más cara.

Nilo

Aparte de algunos oasis perdidos en los desiertos de Egipto, es a lo largo del Nilo donde se congregan la gran mayoría de los habitantes del país, en tierras agrarias que representan el 4 % de la superficie total del país. Visto desde el aire, el límite entre el desierto y el valle fértil es asombroso: no hay transición entre la tierra sedienta y los verdes palmerales. La alegría de vivir de los egipcios está sin duda ligada, en parte, al Nilo, el río de la vida, que durante miles de años ha aportado riqueza al país

© WITR – ISTOCKPHOTO

Faluás en el Nilo.

durante las numerosas inundaciones que depositaban limo fértil en las tierras de cultivo. Desde 1971, la gran presa de Asuán ha roto el ritmo de las crecidas; la reserva de agua del lago Nasser, por su parte, hace que Egipto ya no tema la sequía. La presa del Renacimiento, aguas arriba, en Etiopía, se puso en marcha en 2022 tras años de debate sobre la reducción del caudal del Nilo en Egipto y sus graves consecuencias. El tema sigue siendo fuente de grandes tensiones en la cuenca del Nilo.

Papiro

Mientras que los mensajes diplomáticos se escribían en tablillas de arcilla, en el antiguo Egipto el papiro se utilizaba más para escribir textos sagrados o poéticos. Este está formado por tiras de material vegetal colocadas una sobre otra, pegadas por el almidón natural que sueltan, y adquiere un tono amarillo o marrón según el tiempo que se deje en remojo. Contemplar papiros antiguos en los museos es una experiencia conmovedora: a lo largo de los siglos, estas delicadas hojas nos proporcionan pruebas ilustradas de una civilización refinada. La técnica del papiro había desaparecido de Egipto, al igual que su cultivo, y fue el Dr. Ragab quien lo reintrodujo en el siglo XIX. Los aficionados podrán elegir entre meticulosas reproducciones dibujadas a mano o los clandestinos grabados en vulgares hojas de platanero.

Pirámides

En la teología antigua, este emblemático edificio egipcio representaba el símbolo de la creación del mundo: los egipcios creían que un montículo de tierra, por voluntad de la palabra de los dioses, había surgido de la nada líquida, llamada el «noúmeno primordial».

De la cima de este montículo habría brotado entonces la luz, Ra, el dios creador de toda vida. La construcción de una pirámide a orillas del Nilo para enterrar a un faraón no era casual: tal como Ra, de quien era hijo, el faraón surgía y se establecía eternamente, era único, aunque hubiera tenido una sucesión de cuerpos carnales. Hay más de cien pirámides que han surgido de las arenas. Sin duda, hay más; los arqueólogos trabajan duro, ¡y siguen habiendo nuevos descubrimientos!

Revoluciones

La historia de Egipto está marcada por una larga historia de episodios revolucionarios. Mucho antes de la Revolución de 2011 (también conocida en Egipto como la «Revolución del 25 de enero», cuando tuvieron lugar las primeras manifestaciones en la plaza Tahrir de El Cairo), la Revolución de 1919 contribuyó a derrocar el dominio británico, y el golpe de Estado de 1952 derrocó la monarquía y llevó a Nasser al poder. La persistencia de problemas estructurales no excluye la posibilidad de nuevos levantamientos.

Superstición

El ojo de Horus o Udyat, uno de los amuletos más extendidos en el antiguo Egipto, ya no está de moda. Sin embargo, las supersticiones siguen vivas. Todavía se teme al mal de ojo. Para ahuyentarlo, se siguen haciendo pequeños sacrificios, conocidos como *fadwa*. No es raro que, para la inauguración de una tienda, la bendición de una casa, una grúa, un coche..., los dueños lleguen con una cabra, en cuya sangre mojan la mano y dejan una marca de sus cinco dedos en el lugar u objeto que se quiere proteger del demonio. Es el gesto de «*khamsa we khemesa*» (cinco y cinco pequeños), a menudo representado por una mano azul, supuestamente protectora. Asimismo, hay que tener cuidado de no felicitar demasiado a una madre por su bebé recién nacido; el mal de ojo se ahuyentará diciendo unas pocas palabras piadosas.

Té

El té es la bebida nacional de Egipto. Visitar la casa de otra persona, sea cual sea el motivo, implica una taza de té obligatoria. El *té kushari,* popular en el Bajo Egipto, se prepara remojando tradicionalmente té negro en agua hirviendo. Casi siempre se endulza con azúcar y se mezcla con hojas de menta fresca. El *té sa'idi* es común en el Alto Egipto y es especialmente fuerte, por lo que se le añade mucho azúcar. La mayoría de las veces se sirve frío y muy dulce, pero también puede tomarse caliente.

Turismo

No es exagerado decir que el turismo se inventó para Egipto. El auge de la egiptología y el orientalismo en el siglo XIX desempeñó un papel fundamental en el desarrollo de los viajes a tierras hasta entonces solo conocidas por los comerciantes. A finales del siglo XX, el turismo de masas transformó el país y sus infraestructuras. Desde 2018, ocasionalmente, Egipto es objeto de atentados. Sin dejarse llevar por la paranoia, hay que ser responsable e informarse para disfrutar de un viaje plenamente seguro. También hay menos turistas, lo que tiene ventajas y desventajas, como que sea más probable que le aborden a escondidas.

PINCELADAS SOBRE EGIPTO

Geografía

Vista desde el aire, la geografía de Egipto es impresionante: una larga franja verde que serpentea a través de un desierto amarillo y naranja y se abre en un amplio delta antes de desembocar en el Mediterráneo. La geografía egipcia es tan sorprendente como su historia. El Nilo, su mítico río, sus desiertos, sus oasis y sus dos mares, el Rojo y el Blanco (en árabe es común llamar así al Mediterráneo). En términos de superficie, Egipto es el 30.º país más grande del mundo. Este territorio de 1 001 450 km^2 se extiende a caballo entre los continentes africano y asiático. Sus fronteras naturales, las costas del mar Rojo y del Mediterráneo, se extienden a lo largo de 2540 km. Contrastan con las fronteras rectas que atraviesan el desierto entre Egipto, Sudán al sur, Libia al oeste e Israel y la Franja de Gaza al este de la península del Sinaí. El Nilo es la principal fuente de agua del país. Se extiende a lo largo de 1280 km, desde el sur, donde el lago Nasser retiene sus aguas, hasta el delta, donde, con sus dos ramificaciones, desemboca en el mar Mediterráneo. A lo largo del Nilo, entre Asuán y la costa norte, es donde se desarrolla la agricultura. Antes de la construcción de la Gran Presa en los años 1960, el Nilo inundaba el valle a merced de sus crecidas. El cinturón que lo sujeta desde entonces, al sur de la primera catarata, ya no permite inundaciones, y la agricultura se ha racionalizado.

En las dos últimas décadas se han llevado a cabo importantes obras para que la creciente población egipcia pueda vivir en una superficie mayor y se desarrolle la agricultura. El Valle Nuevo, llamado Tochka, fue uno de los primeros proyectos que se llevaron a cabo. El objetivo oficial de construir una nueva capital administrativa en el desierto, al este de El Cairo, es descongestionar la capital egipcia, a menudo paralizada por los atascos y marcada por un crecimiento urbano descontrolado. Es aquí donde se juega actualmente parte del futuro del país.

Clima

Con su vasto territorio, el clima del país varía considerablemente entre regiones y estaciones. Por regla general, el clima es idílico entre octubre y enero, frío entre febrero y mayo, y terriblemente caluroso entre junio y septiembre. Sin embargo, las cosas no son tan sencillas: como en todos los países semidesérticos, la influencia del viento (que es frecuente) influye mucho en los niveles de temperatura.

▶ **El invierno es muy agradable** en Asuán y Luxor, pero puede ser muy frío en El Cairo y Alejandría. Esto se nota especialmente por la noche, sobre todo porque muy pocos lugares tienen calefacción. Quienes acampen en el desierto deben tomar precauciones y no dejarse atrapar por las temperaturas diurnas, muy suaves: la noche puede ser gélida.

▶ **En primavera,** un viento predominante del suroeste (el Khamsin, o «cincuenta», ya que se supone que sopla durante cincuenta días) calienta todo el país. Caluroso y seco, a veces sopla con violencia (de 100 a 120 km/h) y puede provocar numerosos retrasos en el transporte aéreo y por carretera (carreteras arenosas, pistas deslavadas, etc.). El tiempo es agradable de Alejandría a Asuán.

▶ **A partir de junio,** el termómetro alcanza temperaturas desmesuradas (40, 42, 44 e, incluso, 50 °C algunos días en el Alto Egipto). Luxor y Asuán se vacían, mientras que los visitantes acuden en masa al Sinaí y a la costa. Cabe mencionar que cualquier actividad que no sea nadar se vuelve rápidamente insoportable.

▶ **Desde finales de septiembre** hasta principios de diciembre, la temperatura vuelve a ser tolerable en el Alto Egipto y muy agradable en la costa.

Medioambiente

Los viajeros que llegan a Egipto se encuentran con una variedad de entornos naturales extraordinarios: el valle del Nilo, que alberga toda la tierra fértil, los desiertos, que constituyen el 94 % del país, y el litoral. Cada uno de ellos alberga una biodiversidad excepcional pero sumamente amenazada. Las actividades humanas (industria, turismo, etc.) también están en el punto de mira. El país, que firmó el Protocolo de Kioto en 2005, acogió la Cumbre de las Naciones Unidas sobre la Naturaleza y la Cultura en 2018 y la COP27 (Conferencia de las Naciones Unidas sobre el Cambio Climático) en noviembre de 2022, ha tomado conciencia de la urgencia de los problemas ecológicos, pero aún tiene que superar toda una serie de retos para ser verdaderamente «verde» y encontrar soluciones para hacer frente a la contaminación del aire, el suelo y el agua.

© AROUND THE WORLD PHOTOGRAPHY – ISTOCKPHOTO.COM

Oasis cerca de Siwa.

El Cairo, una de las ciudades más contaminadas del mundo, ha puesto en marcha una iniciativa para fomentar el reciclaje. Se trata de puntos de recogida donde los residentes pueden depositar ciertos residuos reciclables que contengan metales (aluminio, cobre, hierro) a cambio de una remuneración inmediata. Con la ayuda de patrocinadores internacionales, se ha construido un vertedero de residuos industriales para dar una solución práctica al problema del almacenamiento incontrolado de residuos y la quema al aire libre. Ahora, los cruceros conservan sus residuos —en lugar de aumentar el volumen de los vertederos ilegales— antes de enviarlos a plantas de tratamiento de residuos. En otras buenas noticias, la gobernación del Mar Rojo prohibió el uso de plástico de un solo uso en 2019.

Se insta a los visitantes a comportarse de forma responsable durante su estancia: moderar el consumo de agua y energía, clasificar los residuos, etc. Además, en algunas regiones, la normativa pretende prohibir el uso de protectores solares petroquímicos, que provocan la muerte de los corales, así que elija cremas con filtros minerales en lugar de químicos.

Flora y fauna

Fauna

Dado que han desaparecido las especies más emblemáticas de Egipto, especialmente las faraónicas, se tiende a pensar, demasiado precipitadamente, que la fauna egipcia es pobre. Es cierto que ya no se ven cocodrilos a lo largo del Nilo, y menos aún babuinos, hipo-pótamos y leones en los palacios reales. Sin embargo, la fauna sigue siendo rica, si nos atenemos al número de submarinistas que acuden a admirarla en las aguas del mar Rojo, donde aún pueden verse dugongos, tiburones, mantarrayas, tortugas carey y otros animales raros.

La proliferación de parques nacionales y reservas naturales debería ayudar al país a mantener su fauna, que a menudo los viajeros ignoran que existe: el jardín botánico del templo de Karnak no es la única reserva de especies raras de Egipto.

En el desierto o Sinaí

▶ **Chacal dorado.** Muy presente, es del tamaño de un lobo pero inofensivo, y vive en manadas.

▶ **Cobra escupidora de cuello negro.** De origen africano, es capaz de escupir su veneno a distancia. Especialmente peligrosa.

▶ **Dromedario.** Solo tiene una joroba que contiene grasa, que utiliza para alimentarse cuando escasea la comida. La grasa también puede transformarse en agua (sus 40 kg pueden transformarse en más de 40 litros de agua). El dromedario puede caminar durante ocho días en pleno desierto.

A lo largo del valle del Nilo

▶ **Cocodrilo.** El cocodrilo del Nilo no ha desaparecido: todavía se puede encontrar, en cantidades bastante grandes, en el lago Nasser y en los viveros de los nubios en Asuán. Según antiguas creencias, el animal garantiza felicidad a las familias.

© USO – ISTOCKPHOTO.COM

Cocodrilos del Nilo.

▸ **Garcilla bueyera.** Ave blanca de cabeza redonda que anida en colonias en árboles y arbustos a lo largo de los ríos y lagos de Egipto.

▸ **Abubilla.** Llamada *houdhoud* en árabe, por el grito que emite. Le gusta pasear entre la hierba cortada.

▸ **Siluro.** El siluro del Nilo prefiere los hábitats pantanosos, poco profundos y pobres en oxígeno. Como le encantan las aguas turbias, se creía que guiaba la barca solar de Ra cuando navegaba de noche por el río del mundo.

En las aguas del mar Rojo

▸ **Barracuda.** Un pez alargado con temibles dientes.

▸ **Dugongo.** Especie en peligro de extinción, este mamífero de hasta tres metros de largo sobre todo se puede ver en Quseir.

▸ **Mero rojo.** Gran pez rojo salpicado de azul que vive apaciblemente entre las rocas.

▸ **Tortuga carey.** Especie protegida en peligro de extinción, solo 500 tortugas carey desovan cada año en Egipto.

Flora

Tierra del junco y el loto, que simbolizaban el Alto y el Bajo Egipto, las aguas del Nilo que bañan el país presentan al viajero una gran variedad de flora. El paisaje egipcio está marcado por altas palmeras, sicomoros y oscuros mangos. Luxor y Asuán son lugares especialmente buenos para observar una gran variedad de flores. Los embriagadores aromas del jazmín y el franchipán se combinan con los brillantes colores. La henna, cuyas hojas se utilizan para teñirse de rojo o naranja; el tamarindo, de quince metros de altura, con el que se elabora una bebida muy apreciada, el tamar hindi; el papiro, un junco con muchas virtudes; el sésamo, la palmera, la caña de azúcar, el platanero... La flora de Egipto le espera para que abra los ojos y las fosas nasales.

La época de los faraones

Egipto se unió alrededor del año 3100 a. C., cuando el reino del sur invadió el norte. Todo el país quedó bajo la autoridad de un único rey, Menes (también conocido como Narmer). Encarnaba al dios Horus y, como él, llevaba el *pschent,* que combinaba las coronas del Bajo y el Alto Egipto. Se estima que la mayoría de las instituciones egipcias estuvieron vigentes a lo largo de las sucesivas dinastías, desde la escritura y el calendario hasta los ritos funerarios, la administración centralizada y el desarrollo de una ciencia dedicada al Nilo. En formas más o menos elaboradas, estos elementos se encontraban en toda la civilización faraónica.

Desde la época del historiador Manetón (siglo III a. C.), la historia de los faraones se ha dividido en treinta dinastías, que abarcan casi tres mil años. De cultura griega, Manetón helenizó los nombres de los faraones. La mayoría de ellos siguen siendo conocidos hoy en día por este nombre helenizado (por ejemplo, Amenofis es la traducción griega de Amenhotep). Para mayor claridad, utilizaremos el nombre más común y, entre paréntesis, el nombre egipcio correspondiente cuando se conozca. De la historia faraónica surgieron tres periodos especialmente prósperos, conocidos como Imperio Antiguo, Medio y Nuevo.

▶ **Imperio Antiguo (2700-2180 a. C.).** Este periodo comenzó con la III Dinastía, correspondiente al Imperio Menfita, ya que la capital se estableció en Menfis, en la frontera entre el Alto y el Bajo Egipto. El poder del faraón era absoluto. Los textos que datan de este periodo son muy escasos y se sabe poco sobre su historia. Sin embargo, la mayoría de los historiadores creen que Egipto era un gran país que gozaba de paz, tanto interna como externa.

▶ **Primer periodo intermedio (2180-2060 a. C.).** Pepi II (Phiops), rey de la VI dinastía, subió al trono a la edad de seis años y tenía más de cien cuando murió, habiendo completado el reinado más largo de la historia de la humanidad. Dejó un poder central significativamente debilitado.

▶ **Imperio Medio (2060-1785 a. C.).** El Reino Medio comenzó con la llegada de Mentuhotep I, soberano de Tebas, que dedicó su reinado a la reconquista de todo Egipto. Lo consiguió después de quince años y el país volvió gradualmente a la prosperidad.

▶ **Segundo periodo intermedio (1785-1580 a. C.).** Las razones de la decadencia de la XII Dinastía no se conocen con precisión. Es probable que el desequilibrio interno se combinara con la creciente amenaza de los hicsos, invasores procedentes de Asia.

▶ **Imperio Nuevo (1580-1085 a. C.).** Amosis (Ahmose), señor de Tebas, liberó el país utilizando las mismas armas que habían derrotado a los hicsos dos siglos antes. Una vez liberado, Egipto se embarcó en una serie de conquistas sin precedentes.

Para hacer frente a una nueva amenaza procedente del este, los hititas, las tropas del faraón hicieron campaña hasta el Éufrates, en la actual Siria. Esta política imperialista y guerrera garantizó la seguridad del país durante cinco siglos. Uno de los últimos grandes reinados del Imperio Nuevo fue el de Ramsés II, que duró sesenta y siete años. Este faraón, considerado excesivamente ostentoso en sus actuaciones, habría tenido una descendencia considerable (casi doscientos hijos). Gran guerrero, luchó contra los hititas en Qadesh y no temía enfrentarse a sus enemigos cuerpo a cuerpo. Gran constructor, Ramsés II edificó el templo de Abu Simbel y numerosas ciudades que llevan su nombre. Como todos los faraones del Imperio Nuevo, fue enterrado en un hipogeo en el Valle de los Reyes, en lugar de bajo una estructura monumental. Al final de su excesivamente largo reinado, Ramsés II dejó un país debilitado y vulnerable.

▶ **Periodo tardío** (**1085-333 a. C.**). Dos siglos después de la muerte de Ramsés II, una nueva disputa dinástica privó al país de un faraón. Al final, el vacío político fue llenado por dinastías extranjeras que ocuparon el trono egipcio. Sus reinados se intercalaron con estallidos de patriotismo y efímeras restauraciones de soberanos egipcios. Los dos últimos siglos de este periodo estuvieron marcados por una ocupación persa especialmente dura. El país fue saqueado y los templos destruidos.

Períodos griego, romano y bizantino

La conquista de Egipto por Alejandro Magno marcó el final del periodo faraónico. Desde entonces, hasta la llegada al poder de los Oficiales Libres en 1952, Egipto estuvo gobernado por extranjeros. Sin embargo, tras treinta siglos de influencia, la civilización faraónica no desapareció de las orillas del Nilo de la noche a la mañana. Poco a poco se fue fusionando con civilizaciones importadas que iban a tener un profundo impacto en Egipto: la griega, la romana y la bizantina.

Período islámico

De todas las invasiones pasadas, la de los árabes representó la ruptura más profunda en la historia de Egipto. Fieles al monoteísmo radical del islam, los nuevos dueños del país no cedieron a la fascinación de la antigua civilización egipcia. Mientras que griegos y romanos intentaron presentarse como herederos de los faraones, los árabes mantuvieron como única referencia al Dios anunciado por el profeta Mahoma, muerto en el 632.

Como resultado, la identidad de Egipto cambió para siempre. Alternando fases de ocupación y de mezcla con la población, los ejércitos musulmanes arabizaron e islamizaron el país. Por todo ello, Egipto nunca se conformó con el papel de mera provincia dentro de una entidad árabe-musulmana en constante evolución. El carácter nacional, incluso cuando se mezclaba con la cultura musulmana, resurgía periódicamente para oponerse al poder central.

Entrada en la modernidad

Los franceses describieron descuidadamente la expedición de Napoleón a Egipto como un fructífero encuentro entre dos civilizaciones. Los egipcios, evidentemente, lo vieron de un modo completamente distinto. Para ellos, la conquista napoleónica no dejó de ser una invasión, llevada a cabo por la fuerza de las armas. Creen que Egipto ya estaba preparado para embarcarse en una aventura moderna en aquella época, y que el ejército de científicos franceses no tuvo nada que ver con ello. Lo cierto es que el desembarco del 12 de julio de 1798 marcó un nuevo punto de inflexión en la historia egipcia.

Egipto árabe e independiente

Es imposible datar con precisión el surgimiento del sentimiento nacional en un país que afirma no haberlo abandonado nunca desde la época de los faraones. Lo cierto es que la segunda mitad del siglo XX vio surgir dos fenómenos internacionales que iban a inclinar a la sociedad egipcia hacia la independencia: la aparición de nuevos países independientes y la formación de un bloque árabe cuyo único punto de convergencia era su rechazo al Estado de Israel.

Conquista de la independencia (1918-1952)

Egipto, antigua colonia británica, vivió un proceso de conquista de la independencia en un contexto internacional en el que, tras la Primera Guerra Mundial, Estados Unidos emergió como gran potencia internacional. La intervención estadounidense en Europa fue decisiva y marcó el fin de la hegemonía europea en el mundo. Al final de la guerra, el presidente Wilson consideró que debían abandonarse las conquistas coloniales, que habían provocado demasiados conflictos, y que los europeos debían dejar a los pueblos la libertad de decidir

por sí mismos. Francia e Inglaterra, las principales potencias afectadas, aceptaron el principio, pero se comportaron sobre el terreno como en los viejos tiempos de las colonias. Con el Imperio otomano derrotado en 1914-1918, se repartieron alegremente Oriente Medio: Irak, Siria, Líbano, Palestina, etc. En Egipto, los nacionalistas esperaban que prevaleciera la doctrina de Wilson e intentaron obtener la independencia mediante la negociación. En 1919, una delegación encabezada por Saad Zaghloul Pacha decidió viajar a Londres para hacer oír las reivindicaciones de Egipto. El gobierno británico se negó a recibirle e incluso le condenó al exilio. Esta noticia provocó la ira de los egipcios. Zaghloul se convirtió en el héroe de la independencia. En los siguientes años, la influencia del Partido de la Delegación (en árabe, Wafd) siguió creciendo en el país. Agrupando a coptos y musulmanes, el Wafd quería promover un Estado moderno que pusiera fin a los particularismos comunales, restaurara los derechos de los egipcios nativos y obligara al ejército británico a abandonar Egipto. Para calmar los disturbios crónicos, Gran Bretaña liberó a Zaghloul y, en 1924, reconoció la independencia de Egipto como monarquía constitucional.

Egipto nasserista (1952-1970)

El Comité de Oficiales Libres, del que formaba parte Gamal Abdel Nasser, tomó el poder en Egipto el 23 de julio de 1952. Tres días después, el rey Faruk abdicó y se exilió. Su hijo, todavía un niño, reinó hasta la abolición de la monarquía en junio del año siguiente. La República Egipcia estuvo presidida inicialmente por el venerable general

Neguib, aunque ya se sabía que el joven Nasser (34 años) era el líder indiscutido de la junta gobernante.

A finales de 1954, Neguib fue oficialmente depuesto en favor de Nasser. Reino Unido ya estaba negociando la salida de sus tropas. La política de la nueva república se parecía un poco a la venganza de los egipcios en Egipto. La política social y las reformas agrarias favorecieron en gran medida a la gente común, ya fueran coptos o musulmanes. El Estado construyó escuelas y hospitales públicos. Se abolieron los privilegios concedidos anteriormente a las minorías, que tuvieron que someterse al ordenamiento jurídico ordinario para permanecer en Egipto. El árabe se convirtió en lengua oficial y su enseñanza se hizo obligatoria en todas las escuelas, incluso en las dirigidas por misioneros extranjeros. Una política gradual de nacionalización de la bienes acabó por arruinar los intereses de las *grandes familias,* que se vieron obligadas a exiliarse.

Sadat, oportunista y visionario (1970-1981)

A la muerte de Nasser, el vicepresidente Anwar el-Sadat heredó el poder. Se distanció de la Unión Soviética e inició una tímida democratización del régimen: se autorizaron algunos partidos políticos. En 1973, Egipto lanzó una nueva ofensiva contra Israel, que se tradujo en una nueva derrota. Pero, por una vez, Israel se salvó de milagro. Habían conseguido romper su línea defensiva en el Sinaí, gracias en parte a la fuerza aérea comandada por Hosni Mubarak. El 6 de octubre, día de la ofensiva, se convirtió en día festivo y pasará a la historia egipcia como la Victoria del 6 de octubre. Esta guerra relámpago, con resultados dispares, permitió al gobierno israelí y a Anwar el-Sadat comprender que la coexistencia pacífica era la única solución razonable para los dos países. Casi veinte años antes que los demás países árabes, Sadat inició un discreto acercamiento a Israel, bajo el patrocinio de Estados Unidos, el nuevo aliado de Egipto. En 1978, se firmó en Camp David (Estados Unidos) un acuerdo de paz entre Israel y Egipto. Israel aceptó devolver el Sinaí, perdido por Nasser. Este giro de 180 grados en la política egipcia se llevó a cabo sin consultar a los países vecinos. Hasta entonces vanguardia de la causa árabe, Egipto fue excluido de la Liga de Estados Árabes. Pero a Sadat no le importó. Tampoco se molestó en explicar su nueva política al pueblo egipcio. Los intelectuales que desaprobaron la política de reconciliación con Israel fueron amordazados con la misma brutalidad que en tiempos de Nasser. En el plano económico, Sadat rompió con la política con corte socialista de su predecesor. De hecho, no tenía otra opción: el crecimiento demográfico era tal que no se podía mantener el Estado del bienestar. Además, la actividad económica sufría el peso de la burocracia introducida por el régimen de Nasser. Por último, la nueva amistad con Estados Unidos justificaba algunos sacrificios en el altar del liberalismo, lo que se conoció como la apertura, o Infitah. Retrospectivamente, Sadat podría haberse llevado el crédito por esta valiente política si no fuera porque se trató del peor periodo en términos de corrupción. La familia del presidente se benefició descaradamente del sistema, mientras que los más pobres echaban de menos la generosa política de Nasser. En

Jeroglíficos que representan a los prisioneros de Hyksos en el momento de su expulsión.

1981, los disturbios azotaron el país. En el Alto Egipto, desembocaron en enfrentamientos sectarios entre los Hermanos Musulmanes, activos a pesar de su prohibición, y los coptos. Sadat vio cómo su autoridad era cada vez más cuestionada. En septiembre de 1981, decidió poner a todos en pie de igualdad y lanzó una oleada de detenciones sin precedentes contra intelectuales nasseristas, los Hermanos Musulmanes y dignatarios coptos. Algunos fueron enviados a prisión y otros a arresto domiciliario, como el papa copto, Shenouda III. El 6 de octubre de ese mismo año, durante un desfile de celebración de la victoria de 1973, Sadat fue asesinado por un pequeño grupo de soldados islamistas.

Entre 1981 y 2007

El 6 de octubre de 1981, Hosni Mubarak, entonces Vicepresidente, se convirtió en Presidente de la República. Entre 1992 y 1997, el país sufrió una serie de atentados terroristas contra la comunidad copta y puntos turísticos. La industria del turismo sufrió daños duraderos. En 2005 se produjo la reelección de Hosni Mubarak y una contundente victoria de los Hermanos Musulmanes en la Asamblea del Pueblo. En 2006, Egipto inició una auténtica recuperación económica, anunciando una tasa de crecimiento del 7,1 % en 2007. El país dio diversas garantías de estabilidad a los inversores extranjeros, que volvieron al país en gran número. Sin embargo, la redistribución del PIB sigue siendo muy desigual, la inflación se mantiene elevada y los salarios de los funcionarios están prácticamente estancados.

De la revolución de 2011 a nuestros días

Aunque es costumbre saludar al interlocutor con un *sabah el-yasmin*, literalmente «buen día de jazmín», el aroma de esta planta, tan común en Egipto, ha provocado alergia a los gobernantes de la región desde que la Revolución tunecina, que tomó el nombre de esta flor, ayudó a derrocar al presidente Ben Ali, que huyó a Arabia Saudí el 14 de enero de 2011. Once días después, los egipcios lanzaron a su vez una protesta masiva contra el gobierno en el poder, que no había sabido distribuir la riqueza del país. A través de Internet —cuya influencia se exageraría más tarde—, el ancestral boca a boca convocó una manifestación a gran escala para el 25 de enero. Tuvo lugar en El Cairo, Alejandría, Suez, Asyut y otras ciudades del país. La policía empezó a reprimir las manifestaciones; los días 26 y 27 de enero, los Hermanos Musulmanes, que son precisamente los únicos opositores históricos al gobierno de Mubarak, apoyaron el movimiento. Las autoridades intentaron recuperar el control de un movimiento de protesta sin precedentes en el país: la policía atacó violentamente a los manifestantes, amenazó a periodistas egipcios y extranjeros, y prohibió el canal qatarí Al Jazeera, acusado de incitar a los egipcios a rebelarse contra el gobierno. Para mostrar la determinación del movimiento, los manifestantes pidieron que al menos un millón de personas se reunieran en la plaza Tahrir de El Cairo el 1 de febrero. Su objetivo se cumplió: se calcula que ese día se congregaron dos millones de egipcios. Finalmente, aunque muchos no lo hubieran creído unas semanas antes, Hosni Mubarak dimite el 11 de febrero y abandona El Cairo en helicóptero. El pueblo estaba exultante.

El Consejo Supremo de las Fuerzas Armadas se encargó de la transición hasta las elecciones de 2012. El 17 de junio de 2012, tras dos vueltas electorales, el país eligió a un nuevo presidente, Mohamed Morsi, segundo líder de los Hermanos Musulmanes en Egipto. La nueva Constitución se aprobó en diciembre de 2012. Al reforzar el papel del islam y reducir la libertad de expresión y reunión, provocó una fuerte oposición de movimientos políticos laicos, cristianos y feministas, que expresaron su descontento con manifestaciones duramente reprimidas. El ejército destituyó al presidente Morsi el 3 de julio de 2013. Tras varios meses de gobierno de transición encargado de redactar una nueva Constitución, el presidente Abdel Fatah Al-Sisi, exministro de Defensa de Morsi, fue elegido en mayo de 2014 y sigue imponiendo un estilo de gobierno autoritario. En su historial figuran miles de presos y desaparecidos en todo el país. En marzo de 2018, Al-Sisi fue reelegido con el 97 % de los votos. Amplió el papel del ejército, que tomó el control de la mayoría de los sectores económicos del país, así como de los ámbitos de la cultura y la información, imponiendo un estricto control sobre los medios de comunicación.

En 2019, Egipto asumió el liderazgo de la Unión Africana durante un año, y, en noviembre de 2022, el país acogió la COP27 (Conferencia de las Naciones Unidas sobre el Cambio Climático). Las cuestiones medioambientales están en el centro de los desafíos políticos y diplomáticos, más aún aquí, en África. Ese mismo año se celebra el bicentenario del desciframiento de los jeroglíficos y el centenario del descubrimiento de la tumba de Tutankamón. Se organizan numerosos actos en Egipto y en el extranjero para celebrar la cultura de los faraones. En diciembre de 2023, el presidente Al-Sisi fue reelegido para un tercer mandato con casi el 90 % de los votos.

POBLACIÓN

Demografía

Con más de 106 millones de habitantes, Egipto es el tercer país más poblado del continente africano, después de Nigeria y Etiopía. Su población se caracteriza por su juventud, con una media de edad de 24 años. De hecho, con una elevada tasa de crecimiento natural, la población del país está creciendo muy rápidamente. Según las estimaciones, alcanzará los 200 millones dentro de treinta años si se mantiene este ritmo. Egipto está experimentando su transición demográfica, con una tasa de mortalidad que está descendiendo bruscamente, hasta el 4,3 ‰, y una tasa de natalidad que se mantiene alta, en el 20,48 ‰ (datos de 2023). En un país con recursos muy limitados, un fenómeno así puede convertirse en una bomba de relojería. Sin embargo,en los últimos años, los distintos regímenes no han puesto en marcha ninguna política demográfica digna de tal nombre.

Idiomas

Evidentemente, los egipcios hablan árabe egipcio, distinto del de Oriente Próximo o el norte de África (aunque todos estos pueden entender a los egipcios, lo que no siempre ocurre a la inversa). El árabe hablado es dialectal y varía algo de una región a otra. El inglés se habla habitualmente en las zonas turísticas. En el Sinaí, muchos beduinos hablan hebreo. Por lo demás, a menos que se conozca al intelectual del pueblo, la única opción es expresarse en árabe. Memorizar un centenar de palabras puede bastar para desenvolverse en situaciones cotidianas o, simplemente, para complacer a su interlocutor, que sin duda quedará gratamente sorprendido si le saluda en su lengua materna.

Estilo de vida

▶ **Relaciones entre hombres y mujeres.** La sociedad egipcia se basa en valores sociales y religiosos conservadores que influyen fuertemente en la vida de la población, desde la cuna hasta la tumba. Las relaciones entre hombres y mujeres no están exentas de este tradicionalismo, que enmarca y guía las relaciones sexuales, matrimoniales y amistosas. La tradición dicta que el hombre es responsable de proporcionar ingresos a la familia, mientras que la mujer se encarga de cuidar el hogar y a los hijos. Sin embargo, este reparto tradicional de papeles se cuestiona cada vez más, sobre todo en las zonas urbanas. Muchas mujeres trabajan y son económicamente independientes.

▶ **Educación.** En Egipto, la educación es obligatoria entre los seis y los catorce años. Es gratuita hasta la obtención del bachillerato. Sin embargo, muchos niños no asisten a la escuela obligatoria, principalmente para trabajar y contribuir a los ingresos familiares. La ley egipcia prohíbe trabajar a los menores de catorce años, pero permite las prácticas a partir de los doce, «con el objetivo de participar en el período de cosecha agrícola».

Beduino frente a las Pirámides.

▶ **Familia.** Es el corazón de la sociedad egipcia, le da todo su sentido y predomina sobre el individuo. En la mayoría de los estratos sociales, es la familia —transformada en consejo— la que determina las decisiones importantes en la vida de un individuo: orientación académica, carrera profesional, compromiso, matrimonio. La madre desempeña un papel clave; el hogar es su terreno, y es dentro de él donde tienen lugar los encuentros sociales decisivos.

Religión

Egipto es una cuna milenaria de religiones y cultos diversos. Fue en Egipto donde los judíos recibieron de Dios las Tablas de la Ley, las leyes fundamentales de los tres monoteísmos. Una vez extinguida la gran religión antigua, el país se convirtió en una de las cinco Iglesias fundadoras del cristianismo, miembro de la Pentarquía. Siglos más tarde, los ejércitos musulmanes conquistaron Egipto. Al principio, siendo una provincia marginal, se convirtió en el centro de un rico y próspero Estado musulmán. Durante mucho tiempo, estas tres religiones coexistieron pacíficamente, colaborando a menudo para garantizar la prosperidad del país.

La aparición del nacionalismo y la caída del Imperio otomano precipitaron la disolución de este mundo y su recomposición en torno a identidades, a veces tensas. Sin embargo, musulmanes (90 %) y cristianos (cerca del 10 %) siguen conviviendo pacíficamente en Egipto, a pesar de la existencia de discriminaciones y de las acciones criminales de grupos extremistas.

ARTE Y CULTURA

Arquitectura

Aunque la arquitectura egipcia pueda parecer uniforme, aparte de monumentos emblemáticos como las pirámides, en realidad está llena de sutilezas y refleja una multitud de estilos que simbolizan su rica historia. He aquí unas pinceladas.

Gigantismo egipcio

Para comprender plenamente la arquitectura egipcia, es necesario separar los edificios en dos grupos distintos: por un lado, las viviendas, consideradas tan efímeras como la vida misma y, por tanto, construidas con materiales frágiles como la arcilla y la madera, y por otro, los edificios de culto, con tumbas y templos. Son estos últimos monumentos los que atestiguan lo que se conoce como «gigantismo». Entre ellos destacan la pirámide Roja y la de Guiza. Con una superficie de cinco hectáreas, se necesitaron casi seis millones de toneladas de piedra para completarla. También destacan la esfinge de Guiza y el templo de Karnak, uno de los mayores complejos religiosos de la Antigüedad, con 1,5 km de largo y 700 m de ancho.

Arquitectura copta

La Iglesia de Egipto alcanzó su apogeo en el siglo IV d. C. La expansión del cristianismo fomentó la creación del arte y la arquitectura copta, con monumentos como las iglesias de El Cairo Antiguo y los monasterios de Wadi Natrun.

Estilos islámicos

Al pasear por El Cairo, se topará con una serie de edificios que atestiguan esta influencia. Empezando por el estilo tuluní, cuyo emblema es la mezquita de Ibn Tulun, construida entre 876 y 879.

La dinastía de califas fatimíes, que gobernó Egipto de 969 a 1171, también dejó su huella en la historia arquitectónica de la región.

Un ejemplo del estilo fatimí, considerado el más refinado de los estilos de la arquitectura árabe, son las grandes mezquitas construidas en El Cairo, reconocibles por sus decoraciones de estuco, su elaborada ebanistería y el uso de elementos como el marfil y el hueso.

Épocas mameluca y otomana

El dominio mameluco en Egipto, de 1250 a 1517, se caracterizó por el desarrollo de un arte y una arquitectura que aún hoy pueden contemplarse. El estilo mameluco fue impuesto por Nasir ibn Qalawun y Barquq, dos sultanes que introdujeron el estilo en su ciudad con el mausoleo de Qalawun, con artesonados pintados y mosaicos de nácar y mármol. Por su parte, el Janqa de Baybars es un ejemplo perfecto de las figuras geométricas que el arte mameluco desarrolló para decorar sus edificios. En 1507, Egipto cayó bajo dominio otomano. Durante cuatro siglos, los otomanos dejaron un rastro de estilos diferentes.

Arquitectura moderna en El Cairo

Si se dirige a la plaza Tahrir de El Cairo, verá varios edificios que dan testimonio de los nuevos tiempos. Entre ellos, el Nile Hilton, el primer hotel moderno de la capital, y la Torre de El Cairo, de 187 metros de altura, un trenzado de mimbre cuya cima representa una flor de loto.

Artesanía

Marquetería, tejidos, lámparas, productos de vidrio soplado, cerámica, *galabiyas* (el equivalente egipcio de la chilaba del norte de África), alfombras, jabones, aceites, antigüedades... Egipto ofrece una riqueza artesanal de gran calidad. Sin embargo, hay que armarse de paciencia y no dudar en aventurarse fuera de los mercados turísticos, donde los productos no son locales y suelen ser de menor calidad. Los zocos de El Cairo y Alejandría están menos sometidos al turismo de masas que los de Luxor o el mar Rojo, por ejemplo.

© TAWFIK DEIFALLA – SHUTTERSTOCK.COM

Tejidos egipcios.

Cine

Egipto puede considerarse el primer país que participó realmente en el desarrollo del cine de Oriente Próximo. En los primeros tiempos del cine egipcio, se rodaron unas cuarenta películas en veinte años, a menudo con un simple lienzo pintado como telón de fondo. En las décadas de 1910 y 1920, muchos cines estaban decorados al estilo egipcio. Con la llegada del cine sonoro, los musicales y la construcción de numerosos estudios, el cine egipcio tendió hacia el estilo estadounidense. Egipto también destacó por su predilección por un género importante del séptimo arte: el realismo, defendido por directores como Salah Abouseif y Youssef Chahine. Las décadas de 1990 y 2000 fueron desastrosas para el cine nacional, por el peso considerable que adquirió la censura. En los últimos años, las directoras han retomado el arte en sus manos, sobre todo con la serie *Sasbe' Gar* («Séptimo vecino»), que, a pesar de provocar la ira de una parte del país al abordar temas considerados tabú, atrajo a dos millones de espectadores por episodio.

Danza

Las escenas de danza en la pintura egipcia antigua lo demuestran: ha estado presente en el país desde la época faraónica. Hoy, sin embargo, las concepciones del género han cambiado un poco.

▸ **Cuando se piensa en la danza en Egipto,** rápidamente vienen a la mente imágenes de la danza oriental, también conocida como danza del vientre. Aunque estos espectáculos han formado parte durante mucho tiempo de la imagen del país, el retorno de un cierto puritanismo amenaza su representación. Una de las voces más fuertes que defienden la danza oriental contra el retorno de la austeridad moral es la de Dina, famosa bailarina y autora de un libro militante sobre el tema, *Ma Liberté de Danser* (en francés, «Mi libertad de bailar»).

▶ **El cuerpo de ballet** de la Ópera de El Cairo es un reflejo de la institución de la que forma parte: único en la región pero desigual en sus actuaciones. En el pasado, sin embargo, estaba bañado por un aura de prestigio. Hoy se acude a ella sobre todo para ver los grandes clásicos del repertorio occidental.

▶ **La danza moderna y contemporánea** no se queda atrás. Introducida lentamente en los años noventa, ha florecido en torno a la figura central de Karima Mansour. En 1999, fundó MA'AT en El Cairo, la primera compañía de danza contemporánea establecida en Egipto. Después, en 2012, fundó y dirigió el Centro de Danza Contemporánea de El Cairo, la primera escuela local de danza contemporánea.

Literatura

No sería posible empezar esta breve presentación de la literatura egipcia sin recordar que este país fue uno de los primeros focos de civilización en los que apareció la escritura.

▶ **Los jeroglíficos,** que divierten a los niños tanto como intrigan a los adultos, son dibujos figurativos o abstractos grabados en los cartuchos que adornan templos y tumbas. Los más antiguos datan de más del 3000 a. C. Esta escritura sagrada, de la que se dice que fue un regalo del dios Thot a la humanidad, aún no ha revelado todos sus secretos.

▶ **La llegada de la literatura egipcia.** Cuando Bonaparte se embarcó en una expedición egipcia a finales del siglo XVIII, dejó tras de sí una pregunta que se convertiría en una auténtica llamada de atención para los pensadores egipcios: «¿Por qué nos quedamos atrás?». Aunque todos los países reivindican a su propio «príncipe de los poetas», el de Egipto fue Ahmed Shawqi a principios del siglo XX. También estaba Taha Hussein, nacido en 1889 y famoso por su libro crítico *Sobre la poesía pre-islámica,* que le dio fama, y cierta hostilidad, en el mundo árabe. A principios del siglo XX nació Tawfiq al-Hakim, un «gigante del teatro árabe».

▶ **Los siglos XX y XXI fueron desiguales debido a la censura moral.** En 1998, Naguib Mahfuz se convirtió en el primer escritor árabe en ganar el prestigioso Premio Nobel de Literatura. Mientras, Nawal el Saadawi no dudaba en arriesgarse a ser encarcelada para dar a conocer la situación de la mujer en Egipto. En 1958, su novela *Memorias de una joven doctora* (Lumen, 2006) se convirtió en uno de los primeros textos feministas, al que siguieron muchos otros cada vez más comprometidos, como *Mujer en punto cero* (Capitán Swing, 2017). Alaa al-Aswany es uno de los grandes escritores del mundo árabe. Su primera novela, *El edificio Yacobian,* publicada en el año 2002, se convirtió en un *bestseller* internacional y ganó numerosos premios.

Por último, hay quienes han optado por escribir en francés, o incluso por instalarse en Europa: Andrée Chédid, humanista galardonada con el Goncourt de cuentos en 1979 y el de poesía en 2002, fallecida en París en 2011, y Gilbert Sinoué, más conocido por sus novelas policíacas.

Música

La música en Egipto ha evolucionado con las corrientes y olas del cambio social. Hoy, bajo la presión de un régimen autoritario, la música, como la danza y el teatro, resiste y sigue viva, a menudo utilizada como campo de batalla.

▸ **Música clásica y culta.** Es imposible hablar de la música culta egipcia —o de la música egipcia en su conjunto— sin mencionar primero la Nahda, el renacimiento cultural árabe que comenzó en el siglo XIX. Se trata de un movimiento interdisciplinar que abarca todos los campos. Una de las principales características musicales de la Nahda fue la *wasla*, palabra que significa «enlace» o «secuencia» y designa una secuencia musical de piezas vocales e instrumentales semicompuestas e improvisadas. El nombre egipcio más ilustre de la música clásica es sin duda Omar Khairat. Su rica producción se caracteriza por la composición de grandes frescos para el Estado egipcio y, sobre todo, música para películas, ballets y operetas. Otro clásico egipcio, esta vez en el sentido europeo, es Gabriel Saab (hermano de la escritora Andrée Chedid), cuyas principales obras están influenciadas por Chaikovski y Sibelius.

▸ **Egipto tiene una gran tradición operística.** La Ópera de El Cairo es una institución venerable en el país y el resto del mundo árabe. También merece la pena visitar la Ópera Sayed Darwish de Alejandría, con una programación que rivaliza con la de la capital.

▸ **Música tradicional y folclórica.** Siguiendo el ejemplo de muchos países, Egipto, deseoso de definir un estilo nacional, empezó a recopilar folclore de distintas regiones en la década de 1950. Entre ellas, la música nubia y la saidi, en el norte del país. El príncipe de la música nubia es Hamza El Din. Tradicionalmente, las orquestas de acompañamiento están formadas por instrumentos típicos como el *rabab* (violin de dos cuerdas), la *kawala* (flauta de bambú de seis agujeros) y el *arghul* (antiguo clarinete doble con dos tubos de longitud desigual).

▸ **Música popular.** En la edad de oro de principios del siglo XX, surgieron tres grandes voces del Renacimiento egipcio: el «Sinatra del Nilo» Abdel Halim Hafez; Mohamed Abdel Wahab, el primer cantante melódico egipcio, y, por supuesto, la inmensa Um Kalzum, «la voz de Egipto». Y más de cuarenta años después de su muerte, la inimitable voz y las largas y lánguidas canciones de esta mundialmente famosa diva egipcia siguen sonando por las calles de su país.

▸ **A partir de la década de 1980, una nueva generación** de músicos pop con estilos «occidentalizados» irrumpió en la escena musical egipcia. Entre los más importantes figura Amr Diab, apodado «el padre de la música mediterránea», que se convirtió en una superestrella en el mundo árabe, batiendo regularmente récords de ventas. Y no hay que olvidar a Hakim, gran estrella del pop en el mundo árabe y máximo exponente del estilo inconfundiblemente egipcio del *shaabi*.

▸ **El tributo de Egipto a la música popular.** Nacida en un modesto barrio al norte de El Cairo, Dalida se convirtió en Miss Egipto en 1954 antes de trasladarse a París ese mismo año y alcanzar el éxito. Claude François (Cloclo) también es originario de Egipto, aunque desconocido para los egipcios.

Música contemporánea. Aunque es anterior a la revolución de 2011, el *electro chaâbi*, con sus letras rebeldes y su naturaleza salvaje, se convirtió en todo un fenómeno durante la Primavera Árabe. Originaria de los barrios bajos de la capital egipcia, esta mezcla nerviosa y repetitiva de electro, rap y *shaabi* se baila en espacios de fiesta improvisados, en las calles y en los tejados, dando a los jóvenes un micrófono para expresarse. Auténtico megáfono de la sociedad, entre sus figuras encontramos a islam Chipsy (pionero y profesional del sintetizador), Oka & Ortega (que se han convertido en estrellas), Mc Sadat y Amr Haha (con sus letras perspicaces). El género tiene mil variaciones y subgéneros, y cada barrio de El Cairo tiene su propio estilo y sonido.

Pintura y bellas artes

Los mayores logros egipcios siguen siendo las decoraciones murales de las tumbas, como las del valle de los Reyes en Tebas. La función principal de los frisos era asistir al difunto en el más allá. Las espléndidas escenas del sepulcro de Menna (necrópolis de Sheik Abd el-Qurna) muestran al difunto feliz, pescando en barcas de papiro con su familia. Solo se usaba la técnica de pintura al temple: el color se obtenía mezclando agua, adhesivos (clara de huevo o goma vegetal) y pigmentos en polvo.

Durante el Imperio Nuevo, el auge de las obras pictóricas se explica por la democratización de los ritos mortuorios. Los artesanos asistieron a una proliferación de edificios y, por tanto, de superficies que pintar. Además de frescos, produjeron cada vez más ilustraciones en papiro para colocar en sarcófagos. Poco a poco, el aumento de la producción condujo a un estilo más esquemático. Se generalizaron nuevos temas: las batallas, el espectáculo de vencedores y vencidos, pero también las fiestas y los suntuosos banquetes. Independientemente de la época, los egipcios han dejado estallar su creatividad en los muros. Los ciudadanos de hoy no son una excepción a la tradición. La revolución de 2011 vio nacer murales y grafitis por todo El Cairo. Limitados por la censura, los artistas agudizan el ingenio para expresar su desacuerdo. Como el arte callejero se cubre rápidamente, solo unos pocos artistas han conseguido hacerse un nombre, como Alaa Awad, Hazem Taha Hussein y Hossam Dirar.

Escultura

La escultura desempeñó un papel dominante en el mundo egipcio. La complejidad ideológica y cultural de la sociedad se refleja tanto en los materiales utilizados como en las técnicas empleadas. Los ejemplos más grandiosos son la misteriosa esfinge de Guiza, las estatuas de Ramsés II en los templos de Abu Simbel y la escultura de diorita del faraón Kefrén hallada en la necrópolis de Guiza. Al mismo tiempo, los egipcios producían estatuaria más pequeña y ornamentada, demostrando su excelente dominio de diversos materiales como el alabastro, el marfil, la piedra caliza, el basalto, el dorado de la madera y, a veces, incluso el oro. La estatuaria era también funeraria o divina. El simbolismo de las esculturas era muy fuerte: servían para guiar a los muertos hacia la eternidad o les permitían revivir momentos de sus vidas pasadas. También eran símbolos de poder.

Aunque las fiestas religiosas son importantes, sobre todo el mes de Ramadán, durante el cual las noches son extremadamente animadas, Egipto no es un país de festivales ni acontecimientos recurrentes, aparte de algunas ferias y bienales.

Enero

■ FERIA INTERNACIONAL DEL LIBRO
EL CAIRO
En esta feria, una de las más importantes de Oriente Medio, se reúnen editores de lengua árabe de Egipto y de la región, junto con editores de hasta unos 80 países.

© DIY13 – ISTOCKPHOTO.COM

Inaugurada por primera vez en 1969, recibe cada año cerca de tres millones de visitantes. Con lanzamientos, mesas redondas, entregas de premios, conferencias, actos y firmas de libros, los autores y autoras se entregan con pasión. Es un acontecimiento que los amantes de los libros no querrán perderse.

Marzo

■ D-CAF
EL CAIRO
http://d-caf.org
info@orientproductions.org
Este festival multidisciplinario de arte contemporáneo presenta danza, teatro, música, artes visuales y cine producidos por artistas de dentro y fuera del mundo árabe. Desde 2012, la particularidad de este festival es que también ocupa las calles de El Cairo (edificios históricos, fachadas de tiendas, etc.) para poner de relieve las obras creadas por los artistas, en forma de instalaciones o espectáculos. El objetivo es animar al público y a los artistas a descubrir la ciudad de otra forma. ¡No se lo pierda!

Abril

■ SHAM EL-NESSIM
Una fiesta que se remonta a la época faraónica y que anuncia el inicio de la primavera.
Los habitantes de la época acudían a las orillas del Nilo y a aquellos lugares

en los que había vegetación. Ofrecían huevos de colores, pescado salado, lechuga y cebollas. Hoy se comen los mismos alimentos en casa, pero ya no se acude sistemáticamente a las orillas del Nilo para hacer ofrendas. Es una fiesta nacional celebrada por todos los egipcios, de todas las religiones, en un ambiente muy animado.

Mayo

■ FESTIVAL INTERNACIONAL DE DANZA CONTEMPORÁNEA (BY CHANCE FESTIVAL)

EL CAIRO

Este festival se celebra en la Ópera de El Cairo. Durante unos diez días, compañías egipcias compiten con homólogas europeas e internacionales. Los jóvenes bailarines también tienen su sitio: la idea de los organizadores es dar una oportunidad a todos para ofrecer a los espectadores un gran crisol de culturas. De moda y a la vanguardia de lo que se hace en El Cairo, este festival de danza contemporánea es una cita ineludible para los aficionados al género.

■ MOULID DE SAYEDA ZEINAB

EL CAIRO

Todos los años, sobre todo en la ciudad de El Cairo, se celebra con fervor a la descendiente de Mahoma. Se le dedica un lugar especial, ya que el profeta no tuvo hijos varones. Enormes eventos populares tienen lugar en el barrio que rodea la mezquita dedicada a Sayeda Zeinab. El templo que vemos hoy ha sido restaurado o modificado cuatro veces en cuatro siglos. Su interior está bellamente decorado con un techo de madera pintada. Se recomienda tener cuidado con las pertenencias, y las mujeres deben ir acompañadas.

Septiembre

■ FESTIVAL DE LA CIUDADELA (AL-QALAA)

EL CAIRO

Celebrado por primera vez en 1990, este festival, también conocido como Al-Qalaa, ofrece diez días de conciertos de música clásica y tradicional árabe a precios reducidos.

El festival se celebra en el centro de la Ciudadela y en la Ópera de El Cairo. Acoge a compañías internacionales y rinde homenaje a los grandes nombres de la canción. El festival goza de una gran popularidad entre el público gracias a la calidad constante de su programa artístico.

Diciembre

■ FESTIVAL INTERNACIONAL DE CINE

EL CAIRO

www.ciff.org.eg

info@ciff.org.eg

Desde 1976, es el principal festival de cine de la región, aunque el de Abu Dhabi aspira a rivalizar con él. Premia a numerosos actores, actrices y directores egipcios y de renombre internacional.

Se conceden premios especiales, como el de Mejor Película Árabe, a las películas regionales más destacadas del año. El festival también pretende ser un lugar de expresión y dar a conocer en el mundo el cine egipcio.

COCINA LOCAL

Productos y especialidades

▶ **Pan.** Se llama *aish* en egipcio, que también significa «vida». Plano y redondo, es uno de los alimentos básicos.

▶ **Carnes.** Las más más se preparan en la cocina egipcia son el cordero y la ternera, sobre todo a la parrilla. La casquería es un tentempié popular, sobre todo en los zocos. Sin olvidar el *foie gras,* que —quizá sorprendentemente— se produce en Egipto desde hace miles de años.

▶ **Pescado y marisco.** Son habituales en las costas egipcias, sobre todo en Alejandría.

▶ **Especias.** Desempeñan un papel esencial en la cocina egipcia, ya que los puertos egipcios del mar Rojo siempre han sido la principal puerta de entrada a Europa. El comino es el más común. Otras especias son el cilantro, el cardamomo, la guindilla, el laurel, el anís, la menta, la canela y el clavo.

▶ **El queso era un alimento muy popular en Egipto.** Los egiptólogos han encontrado cerámica en tumbas con restos de queso, lo que sugiere que los egipcios fueron de los primeros en producirlo.

▶ **La cocina egipcia es principalmente vegetariana,** ya que la carne siempre ha sido muy cara. Entre otras cosas, se comen muchas legumbres (habas, lentejas, garbanzos, judías, guisantes partidos, etc.), así como verduras (tomates, pimientos, berenjenas, patatas, zanahorias, coles, remolachas, calabazas, pepinos, etc.), a menudo acompañadas de arroz y otros cereales.

▶ **El *baba ganush* es** un puré de berenjenas asadas aromatizado con tahini, ajo, cilantro y aceite de oliva.

▶ **Los platos más baratos** son los elaborados a base de habas cocidas: *ful* o *taamiya,* un tipo de falafel en el que las habas sustituyen a los garbanzos.

▶ **Pasteles salados.** Hay varios tipos, como el *feteer,* una especie de hojaldre que puede ser salado o dulce, según el relleno.

▶ **Todo tipo de bocadillos para llevar.** Se rellenan con *shakshuka* (huevos en salsa de tomate), *taamiya,* habas, kebab, *kofta* (albóndigas), patatas, buñuelos de coliflor, ensalada, etc. El más conocido de todos es el *shawarma,* a base de tiras de cordero o pollo (cocinadas en un asador) con tomates y cebollas, que se untan generosamente en *shami* (pan plano).

▶ **Como plato principal, los egipcios cocinan numerosos guisos,** como el *bamia,* preparado con cordero, quingombó y tomates.

▶ **Repostería.** Desde fuera, se diría que está en una floristería o en una tienda de vestidos de novia, con los montones de cintas y dorados que decoran el escaparate. Dentro, encontrará deliciosos pasteles orientales: *kunafas* (con pasta de fideos), *basbusas* a base de sémola, *baklawas* (hojaldre de almendra), pero también enormes tartas llenas de crema.

DESCUBRE

Shakshouka.

Bebidas

▶ **El té** es una parte esencial de la vida cotidiana y de la cultura popular en Egipto. Suele acompañar al desayuno en la mayoría de los hogares, y es habitual tomarlo después de comer.

▶ **El café (*qahwa*),** originario de Etiopía y Yemen, fue introducido en Egipto por los otomanos, quienes también lo propagaron por Europa. Aunque menos popular que el té, es muy consumido en el país.

▶ **También hay multitud de zumos de frutas,** como el de caña de azúcar (*aseer asab*), muy popular. En verano, los egipcios se decantan por el *tamr hindi,* una bebida fresca y ácida a base de tamarindo. Por último, durante el Ramadán se sirve tradicionalmente la *sobia,* una bebida endulzada con leche de coco.

▶ **El islam prohíbe el consumo de alcohol.** Sin embargo, en el país se pueden adquirir fácilmente bebidas alcohólicas, y la cerveza representa el 50 % del mercado. Un tipo de cerveza conocida como *bouza* se elabora con cebada y pan desde el período predinástico, más de 3000 años antes de Cristo.

Hábitos alimenticios

Es cierto que, a pesar de una generosa proporción de verduras y cereales, la cocina egipcia es bastante grasienta. El día se divide en tres comidas, con muchos tentempiés entre horas, lo que explica el porcentaje de personas con sobrepeso en el país.

El desayuno suele ser salado, a base de huevos, requesón, cuajada, ensaladas de verduras crudas, pan y alimentos ricos en almidón. La comida del mediodía suele ser rápida, a base de carnes a la parrilla, arroz, patatas y verduras, muy parecida al menú de la cena.

DEPORTES Y OCIO

Fútbol

Aunque, a diferencia de otros países africanos, no se vean partidos improvisados en todas las plazas, los egipcios son auténticos aficionados al fútbol. Hay que decir que tienen muchos motivos para entusiasmarse. Los Faraones, como se conoce a la selección nacional, fueron el primer equipo africano que jugó en la Copa Mundial, en 1934. Más recientemente, han reinado en el continente, ganando tres títulos consecutivos de la Copa Africana de Naciones, en 2006, 2008 y 2010.

Finalistas en 2017 y 2022, no lograron ganar el torneo pese a la presencia en sus filas de Mohamed Salah, delantero estrella del país (y del Liverpool, con el que ganó la Liga de Campeones 2019) y uno de los mejores jugadores del planeta. En cuanto a clubes, Al-Ahly y Zamalek SC (ambos con sede en El Cairo) son los equipos más importantes del país y suelen brillar a nivel continental.

Squash

Puede que no sea muy conocido, pero Egipto es la mejor nación del mundo para jugar al *squash*. Este deporte llegó al país durante la ocupación británica, a finales del siglo XIX, y se estableció como actividad emblemática hacia la década de 1930. Posteriormente, los egipcios se convertirían en maestros de la disciplina en la década de 1990 y ocuparían un lugar de honor en todas las grandes competiciones internacionales. Y la influencia británica no se detuvo ahí, ya que los egipcios también son formidables jugadores de croquet y de bolos sobre hierba. Muy británico, ¿verdad?

Juegos de mesa

Si es aficionado al dominó, al *tric-trac* (el backgammon local) o al ajedrez, tendrá la oportunidad de jugar. Parece ser que es la ocupación favorita de los hombres que fuman *shisha* en los cafés, cuando no están viendo un partido de fútbol en la televisión, claro. También es una forma estupenda de hacer amigos egipcios. ¡A practicar!

© SCULPIES – ISTOCKPHOTO.COM

Caravana de camellos frente a las pirámides.

© TUNATURA – ISTOCKPHOTO.COM

DESCUBRE

Buceadores en el pecio del SS Thistlegorm.

Buceo

El mar Rojo es la joya turquesa de Egipto. Es la puerta de entrada al océano Índico, lo que le confiere una importancia estratégica, comercial y cultural excepcional. Su riquísima biodiversidad y la concentración de magníficos arrecifes de coral en sus costas lo han convertido en un importante destino turístico en las últimas décadas. Tras el exuberante valle del Nilo, el mar Rojo ofrece aguas azules y un clima agradable que permite zambullirse durante todo el año. Muchos viajeros acuden aquí para descubrir los fondos marinos, los arrecifes de coral y sus numerosos habitantes. La costa cuenta con numerosos *spots* de inmersión, con una docena de ellos entre los mejores del mundo. No es de extrañar, por tanto, que el mar Rojo sea uno de los lugares preferidos de los buceadores, tanto aficionados como experimentados. Hay muchas agencias que ofrecen cursos de iniciación y certificación de buceo, y muchos de ellos son muy económicos.

Deportes acuáticos

Famosos mundialmente por el submarinismo, los centros turísticos del mar Rojo también ofrecen diversas actividades motorizadas, principalmente esquí acuático, *wakeboard*, *jet-pack* y motos acuáticas. En Egipto, cada vez es más popular el *kitesurf*, deporte con el que podrá tanto deslizarse sobre el agua como realizar saltos y acrobacias en el aire (el surfista va a remolque de una cometa de tracción). Algunos de los destinos más populares son Ras Sudr, Dahab y Port Safaga. Por último, los aficionados a la pesca de altura también pueden divertirse, sobre todo en las costas de Hurgada.

Nadia Ahmed Abdou

Fue la primera mujer gobernadora, nombrada el 16 de febrero de 2017, en la provincia rural de Behera, en el norte del país. Natural de Alejandría, su trayectoria es la de una pionera. Licenciada en Química y con un máster en ingeniería sanitaria en 1965, se incorporó a la compañía de aguas de Alejandría y fue ascendiendo hasta el escalafón más alto. Dirigió la empresa durante diez años, entre 2002 y 2012. Apodada la «Dama de Hierro» por los medios de comunicación egipcios, su labor trasciende las fronteras de Alejandría. Fue galardonada con numerosos premios, entre ellos el de mejores logros científicos y musulmanes en África, y dirigió numerosos proyectos de infraestructuras como vicegobernadora y gobernadora.

Alaa al-Aswany

Nacido en El Cairo en 1957, estudió medicina y se convirtió en dentista. Escribió algunos relatos cortos (entre ellos, la colección *Deseo de ser egipcio*, publicada en 2009), pero su salto literario se produjo en 2002 con un auténtico fenómeno literario internacional, *El edificio Yacubian*, que se tradujo al español en 2007. Su segunda novela, *Chicago*, publicada en 2007, continuó el marco literario de la primera: un encuentro de las vidas de egipcios de todas las edades y de diferentes procedencias que siguen inexorablemente su destino en una sociedad cargada de fuertes códigos, que siguen o transgreden, y cuyas consecuencias soportan con resignación. El éxito de Alaa al-Aswany radica en su sensible retrato de la sociedad egipcia tal y como es en la realidad. Durante la revolución de 2011, se implicó aún más políticamente, convirtiéndose en uno de los intelectuales comprometidos que promovían la participación del pueblo en el debate público, y en uno de los principales corresponsales de la revolución egipcia en los medios europeos. Su compromiso le inspiró para escribir *La república era esto*, novela prohibida en Egipto y traducida al español en 2021. Desde hace varios años vive y enseña literatura en Estados Unidos, y tiene prohibida la publicación en su país. Su última novela, *The Trees Walk in Alexandria* (2024), aún no se ha traducido al español.

Butros Butros-Gali

Nacido en 1922, era nieto de Butros-Gali Pasha, un noble copto asesinado en 1910, que fue varias veces ministro del rey. Profesor de Derecho Internacional, Butros-Gali fundó la publicación económica *Al-Ahram Al-Iqtisadi*, fue nombrado Secretario de Estado de Asuntos Exteriores de 1977 a 1991 y se distinguió como principal artífice de la paz entre Israel y Egipto. De 1992 a

1996, fue nombrado Secretario General de las Naciones Unidas. A finales de 1997, fue nombrado Secretario General de la Francofonía, cargo que ocupó hasta 2002. Fue Presidente de la Comisión Egipcia de Derechos Humanos. Butros Butros-Gali escribió el primer volumen de sus memorias, *Egypt's Road to Jerusalem*. Este libro, que obtuvo el premio Méditerranée Étranger en 1998, relata las negociaciones que condujeron a los acuerdos de Camp David entre Egipto e Israel. Falleció el 16 de febrero de 2016 a la edad de 94 años.

Um Kalzum

Nacida en 1898 en Tamay al-Zahayra, un pueblo del delta del Nilo, su carrera y su voz única la convirtieron en el «Astro de Oriente». Su padre, un imán, le puso el nombre de la tercera hija del Profeta: Um Kalzum. Para completar sus escasos ingresos, él y sus hijos cantaban canciones religiosas en bodas y festivales de los pueblos de los alrededores. Su hija memorizaba en secreto las salmodias que él enseñaba a sus hermanos y, el día que uno de ellos cayó enfermo, reveló a su padre sus extraordinarias dotes vocales. Fue así como se unió a su compañía, disfrazada de chico, y se convirtió en la estrella. A los dieciséis años, el laudista y jeque Zakaria Ahmed se fijó en ella. Siguiendo su consejo, se fue a actuar a El Cairo y se instaló allí. A pesar de su austero atuendo provinciano, su potente voz cautivó al público cairota. Además, contrastaba con las seductoras cantantes y actrices de la época, que fumaban y bebían. Su carrera dio un nuevo giro cuando cambió radicalmente su repertorio. Pasó de cantar canciones coránicas a poemas

Luxor.

de amor escritos por Ahmed Rami, que le profesaría un amor platónico y no correspondido durante el resto de su vida. Su primer concierto en un país occidental fue en París, en el Olympia, en 1967. Se agotaron las entradas para ambas fechas. Amiga del presidente Nasser, fue un símbolo de unidad nacional y apoyó el esfuerzo bélico de su país contra Israel, donando muchos de sus honorarios al Estado egipcio. El 4 de febrero de 1975, la radio interrumpió sus programas y emitió versos del Corán. La noticia de su muerte sumió al país y a todo el mundo árabe en un luto inconsolable. Su funeral de Estado fue digno de un soberano.

Dina El Wedidi

Nacida en Guiza en 1987, es una de las voces de la música *underground* y popular de Egipto. Tras comenzar como traductora y guía turística, se unió a la compañía de teatro Al Warcha («el taller» en árabe), donde encontró su pasión por las canciones tradicionales. El gran público la descubrió en la época de la revolución, cuando fundó su propio grupo y participó en la opereta *Khellina Nehlam* («Déjanos soñar») con el grupo alejandrino Masar Egbari y cantantes tunecinos.

Sus canciones aún se asocian a las revueltas de la Primavera Árabe. En 2013, su búsqueda musical de los orígenes y tradiciones egipcios la llevó a unirse al Proyecto Nilo, una especie de caravana fluvial y artística de músicos e intelectuales que partieron al encuentro de las gentes del valle del Nilo. Mediante la organización de conciertos y talleres, los participantes pretendían reunir a personas que beben del mismo río. En la actualidad, la protegida del músico brasileño Gilberto Gil se ha consolidado como una de las reinas de la escena *underground* egipcia, y figura en el cartel de numerosos festivales, entre ellos el de El-Alamein en el verano de 2024.

Mohamed Salah

Nacido en Nagrig en 1992, Mohamed Salah es actualmente uno de los mejores futbolistas del mundo. Desde 2017, juega en el Liverpool, con el que ganó la Liga de Campeones en 2019. También forma parte de la selección egipcia desde 2011, y en 2017 clasificó a su equipo para el Mundial de Rusia 2018 con un doblete ante el Congo. Por último, en 2022, Egipto fue subcampeona de la Copa Africana de Naciones, tras perder ante Senegal. El 13 de octubre de 2022, Mohamed Salah marcó el triplete más rápido de la historia de la Liga de Campeones (6 minutos) en un partido entre el Liverpool y el Glasgow Rangers. En la Copa Africana de Naciones 2023, cayó en octavos de final junto con los Faraones.

© SEAN PAVONE – ISTOCKPHOTO.COM

Memphis.

VISITA

Gran Esfinge de Guiza.
© MAJAIVA – ISTOCKPHOTO.COM

EL CAIRO

Situada a orillas del Nilo, justo al inicio de las fértiles tierras del delta, El Cairo es la segunda ciudad más grande del continente africano (después de Lagos, en Nigeria), aunque su aire es el de una ciudad plenamente árabe.

En el siglo XIX, El Cairo fue moderni-zada por el jedive Ismail, influido por los cambios que Haussmann introdujo en París, ciudad que visitaba con regularidad y cuyo nuevo estilo arquitectónico quería emular. El Cairo se expandiría hacia el norte y el oeste, sobre los pantanos y jardines (que dieron nombre a uno de los barrios aún existentes, Garden City), a menudo inundados, que separaban la ciudad antigua del río. Se creó un paseo a lo largo del Nilo, que pronto se conocería como la Cornisa, que cruzaba el río en dirección a Guiza, y que hasta entonces había estado salpicado de campos y plantaciones. También se construyeron islas: Gezira y Roda. Hoy, la aglome-ración de El Cairo engloba todas las antiguas ciudades que antes estaban separadas entre sí (Menfis, Babilonia, Fostat, Al-Qahira, Heliópolis, etc.) y se extiende hasta los pies de las pirámides de Guiza. Los egipcios la llaman Misr —nombre árabe de Egipto—, como si el país estuviera simbólicamente encarnado por su capital. Casi veintidós millones de personas viven en El Gran Cairo. Las primeras horas en la capital pueden resultar agotadoras. No se preocupe, uno se acostumbra. Al cabo de unos días, se sorprenderá de lo bien que soporta su vertiginosa presión. Se adaptará poco a poco, sin darse cuenta. Dejándose llevar por el ritmo del ambiente, ralen-tizando el suyo propio, aprovechando cada momento muerto y saboreando los numerosos instantes de gracia. La anarquía de la actividad de El Cairo se resiste a cualquier explicación racional, y ese es uno de los encantos de esta ciudad.

BARRIOS

El Cairo islámico y El Viejo Cairo

Al este se encuentra El Cairo islámico, al que se accede por la calle al-Azhar. Se trata del segundo barrio más antiguo de la ciudad, donde se hallan las grandes mezquitas fatimíes y mamelucas y los palacios otomanos. Han estado descui-dados hasta hace poco: desprestigiados porque se habían hecho más populares, es probable que los proyectos de restau-ración y rehabilitación de las mansiones islámicas y los edificios modernos les devuelvan parte de su antiguo lustre. Puede comprar recuerdos en Jan el-Jalili.

Cruzando la avenida Salah-Salem, están los grandes mausoleos mamelucos y una de las necrópolis. El gran parque de al-Azhar continúa este barrio y conduce a la ciudadela, dominada por la mezquita de Muhammad Alí. Más abajo, la mezquita de Hassan señala el camino hacia la mezquita de Ibn Tulun. Siguiendo hacia el sur, se llega al Viejo Cairo, la parte más antigua, conocida históricamente como Babilonia y después como Fostat. Es el barrio copto, donde se encuentran los santuarios y el museo dedicado a los cristianos de Egipto.

Centro y Garden City

El centro de la ciudad se denomina en árabe West el-Balad. Junto con Garden City, al sur, surgió de las marismas de El Cairo a finales del siglo XIX. La arquitectura es de inspiración italiana y francesa, así como modernista, y las avenidas se diseñaron según el modelo Haussmann. En la plaza Tahrir (de la Independencia) se encuentran el Museo Egipcio, la Liga Árabe, la Asamblea del Pueblo, el Senado, la Mogamma, que agrupa a las administraciones públicas, y, un poco más allá, la mayoría de los ministerios, el Palacio de Justicia, el Sindicato de la Prensa, las sedes de los principales periódicos nacionales, y la televisión y radio públicas. También se localizan todos los grandes hoteles.

Garden City se construyó en los terrenos de la princesa Munira, cuyo palacio y anexos albergan hoy el Insituto Francés de Arqueología Oriental y el Centro Francés de Cultura y Cooperación. El barrio de Munira, al este de la calle Kasr el-Aini, que tiene la ventaja de contar con metro, y el barrio actual del Garden City son muy diferentes. Vistas desde el aire, las calles de este último forman bonitos círculos que se convierten en una trampa para aquellos que tienden a desorientarse en la ciudad. Es un lugar agradable para pasear, entre muchas villas y grandes hoteles. Algunos cafés artísticos también contribuyen a su encanto. La isla de Roda está cerca de Garden City, con el palacio Manial y el Nilómetro en su extremo sur.

Heliópolis y Medinat Nasr

Hemos vuelto al este de la ciudad, más allá de El Cairo islámico. Heliópolis no es la antigua ciudad del sol, sino que fue construida sobre el desierto hace más de un siglo por inversores europeos, entre ellos el barón belga Empain. Los edificios de aquella época, concentrados en el barrio de el-Korba, forman un conjunto arquitectónico único, que incluye el estadio, la basílica, la Presidencia de la República y los palacios que aún se conservan. Aquí se encuentra la Universidad de Ain Shams. Solo hay que cruzar la avenida Salah Salem, que conduce al aeropuerto internacional y al canal de Suez, para llegar a Medinat Nasr, o «Nasr City». Se empezó a construir en los años 1960 y no tiene ningún interés arquitectónico. Es el final de la avenida Salah Salem, que bordea los barrios antiguos. No son más que grandes edificios que no pretenden ser bellos ni durar eternamente. Aquí vive la clase media, sobre todo desde su regreso de Arabia Saudí. Es gigantesco, y su centro comercial City Stars era uno de los más grandes de la ciudad antes de la apertura de centros rivales, New Cairo y Festival City.

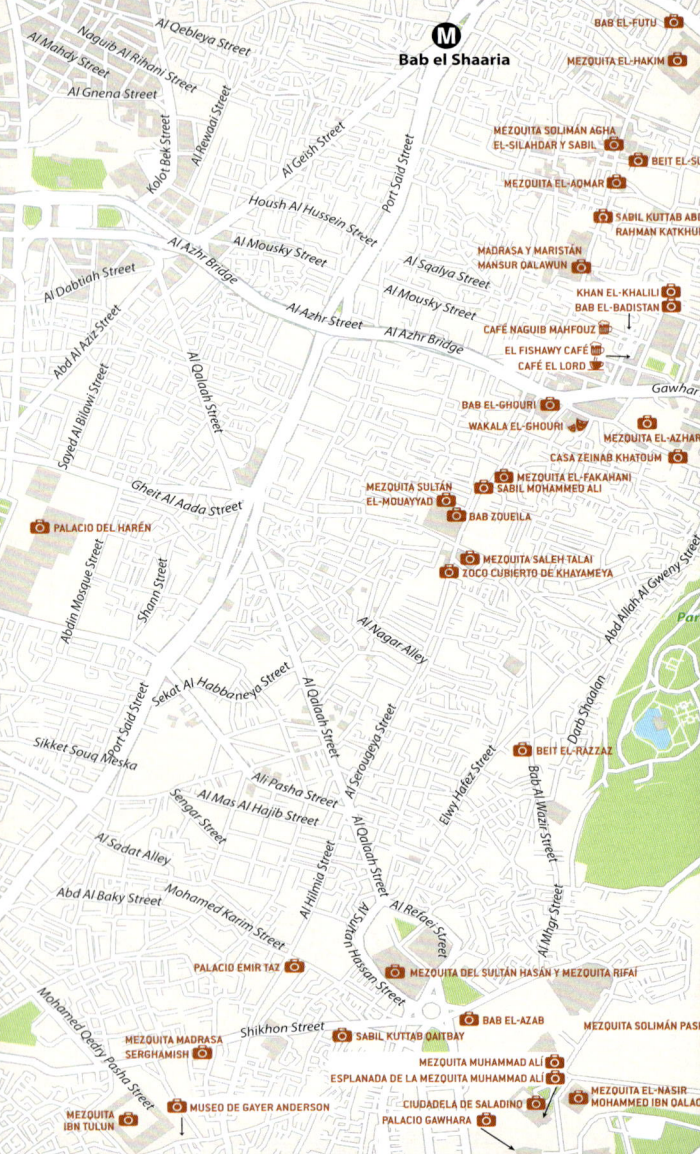

Bab el Shaaria Ⓜ

BAB EL-FUTU 📷

MEZQUITA EL-HAKIM 📷

Al Qebleya Street

Naguib Al Rihani Street

Al Mahdy Street

Al Gnena Street

MEZQUITA SOLIMÁN AGHA
EL-SILAHDAR Y SABIL 📷

Al Geish Street

MEZQUITA EL-AOMAR 📷

BEIT EL-SUI 📷

Port Said Street

Housh Al Hussein Street

SABIL KUTTAB ABD
RAHMAN KATKHUD 📷

Al Azhr Bridge

Al Mousky Street

MADRASA Y MARISTÁN
MANSUR QALAWUN 📷

Al Sqalya Street

Al Mousky Street

KHAN EL-KHALILI
BAB EL-BADISTAN 📷

Al Dabtiah Street

Al Azhr Street

Al Azhr Bridge

CAFÉ NAGUIB MAHFOUZ 🍺

EL FISHAWY CAFÉ

CAFÉ EL LORD

Abd Al Aziz Street

Al Qalaah Street

Sayed Al Bilaw Street

Gawhar

BAB EL-GHOURI 📷

WAKALA EL-GHOURI 📷

MEZQUITA EL-AZHAR 📷

CASA ZEINAB KHATOUM

Gheit Al Aada Street

MEZQUITA SULTÁN
EL-MOUAYYAD 📷

MEZQUITA EL-FAKAHANI
SABIL MOHAMMED ALI 📷

BAB ZOUEILA 📷

PALACIO DEL HARÉN 📷

MEZQUITA SALEH TALAI 📷
ZOCO CUBIERTO DE KHAYAMEYA 📷

Abdin Mosque Street

Sham Street

Port Said Street

Al Nagar Alley

Abd Allah Al Gweny Street

Parc

Sekat Al Habbaneya Street

Al Qalaah Street

Sikket Souq Meska

Al Seroageya Street

Ali Pasha Street

Al Mas Al Hajib Street

Elwy Hafez Street

Darb Shadan

BEIT EL-RÁZZAZ 📷

Sengar Street

Al Sadat Alley

Bab Al Wazir Street

Abd Al Baky Street

Mohamed Karim Street

Al Hilmia Street

Al Qalaah Street

Al Sudan Hassan Street

Al Refaei Street

Al Mtgr Street

PALACIO EMIR TAZ 📷

MEZQUITA DEL SULTÁN HASÁN Y MEZQUITA RIFAÍ 📷

BAB EL-AZAB 📷

MEZQUITA SOLIMÁN PASH

MEZQUITA MADRASA
SERGHAMISH 📷

Shikhon Street

SABIL KUTTAB QAITBAY 📷

Mohamed Qedry Pasha Street

MEZQUITA MUHAMMAD ALÍ 📷

ESPLANADA DE LA MEZQUITA MUHAMMAD ALÍ 📷

MEZQUITA EL-NÁSIR
MOHAMMED IBN QALAO 📷

MUSEO DE GAYER ANDERSON 📷

CIUDADELA DE SALADINO 📷

MEZQUITA
IBN TULUN 📷

PALACIO GAWHARA 📷

EL CAIRO ISLÁMICO
EL VIEJO CAIRO

Maadi

A Maadi se llega por la Ring Road desde Medinat Nasr, o por la cornisa que bordea el Nilo. Es una ciudad pequeña, más residencial, formada por villas con jardines con sombra y edificios de pocas plantas, construidos entre los años 1950 y 1960, que también albergan algunas torres gigantescas. Es un refugio para expatriados, donde viven un poco encerrados en sí mismos. Existe un verdadero microclima y la diferencia de temperatura ronda los 2 °C, en beneficio de Maadi, menos calurosa y menos contaminada. La gran isla de Dahab se extiende bajo el gran puente que une Guiza con Maadi. Pocas personas viven allí, aparte de los monjes coptos y unos pocos privilegiados, pero puede acercarse tomando una falúa desde Maadi.

Mohandesin, Duqqi y Guiza

Cruzando el Nilo, se llega a Duqqi, donde aún se alza el zoo de El Cairo. A principios del siglo XX, lo único que había aquí eran campos y las nuevas villas de la aristocracia. Aquí se localiza la Universidad de El Cairo, elegante bajo su cúpula, mientras que más adelante está el único ministerio de esta orilla, el de Agricultura, que se levantaba en medio de las granjas, y el originalísimo museo del mismo nombre. Entre Duqqi y Mohandesin, «la ciudad de los ingenieros», está el club de caza, o Nadi el-Seid, que ahora no es más que un gran club deportivo privado, y la principal avenida de El Cairo, Gamaeat el-Dewal el-Arabiya, donde a los visitantes estivales del golfo les gusta pasear por las tardes. Estos barrios son residenciales y muy comerciales a la vez. Alberga el estadio de uno de los dos equipos de fútbol de la ciudad, El-Zamalek. El distrito de Guiza se desarrolló a lo largo de lo que se conoce como la carretera de las pirámides.

Zamalek

Se trata de la isla principal de El Cairo, cubierta de juncos a principios del siglo XX y con pequeñas cabañas de madera que dieron nombre a la isla. Curiosamente, en el extremo sur se llama Gezira, o «la isla». Hay un club hípico, el club deportivo Gezira y el segundo equipo de fútbol de la ciudad, el-Ahly. Zamalek es el antiguo barrio *chic,* donde aún se pueden encontrar mansiones inglesas, villas mantenidas por las embajadas que albergan, una vegetación refrescante y un gran número de restaurantes de moda. Zamalek está atravesado por tres grandes puentes que permiten a los cairotas llegar a ambas orillas del río. La ampliación de la tercera línea de metro, puesta en marcha en 2024 y que pasa por el norte de la isla, ha suscitado una gran polémica y está dificultando aún más el tráfico, que ya está atestado de berlinas y todoterrenos en hora punta.

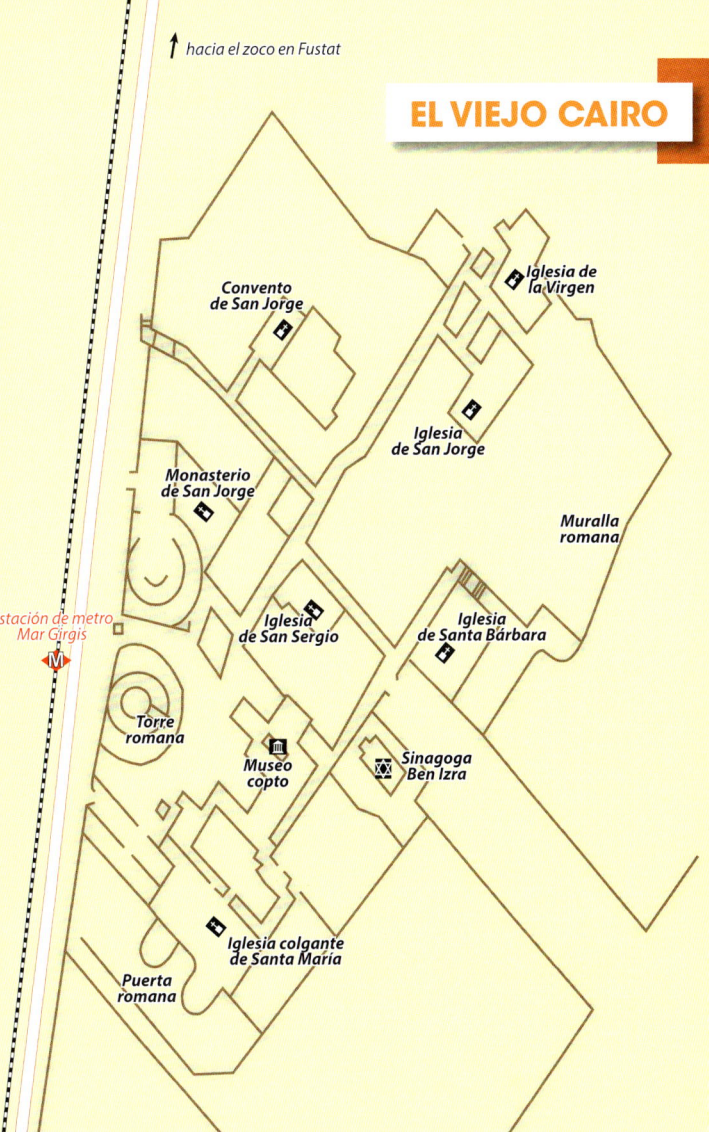

↑ hacia el zoco en Fustat

EL VIEJO CAIRO

Iglesia de
la Virgen

Convento
de San Jorge

Iglesia
de San Jorge

Muralla
romana

Monasterio
de San Jorge

Iglesia
de San Sergio

Iglesia
de Santa Bárbara

Estación de metro
Mar Girgis
Ⓜ

Torre
romana

Museo
copto

Sinagoga
Ben Izra

Iglesia colgante
de Santa María

Puerta
romana

QUÉ VER – QUÉ HACER

El Cairo islámico y El Viejo Cairo ★★★

■ BEIT EL-SUHAYMI ★★

Esta magnífica casa, construida en periodos sucesivos entre 1648 y 1796 por Ahmed el-Suhaymi y restaurada en 2003, ofrece a los visitantes una amplia serie de salas de recepción. Las primeras, a las que se accede por un pequeño callejón, son la sala de recepción para hombres, el *salamlek*, y la sala de recepción para mujeres, el *haremlek*. La segunda planta estaba reservada a las mujeres de la época, y en ella se conservan hermosas porcelanas y los antepasados de los tacones de aguja... ¡que son de madera! También hay una terraza de verano (*maqead*) que da al patio sur.

■ CIUDADELA DE SALADINO ★★★

Construida por Saladino entre 1176 y 1207, esta fortaleza fue diseñada para resistir a los cruzados y asegurar el dominio de su ejército sobre los distritos de Fostat, Ibn Tulun y El-Qahira. Los mamelucos instalaron aquí sus cuarteles, junto con un palacio y un gran número de edificios de uso cotidiano. Unieron el Nilo a la ciudadela mediante un acueducto, del que aún hoy se puede ver gran parte, y que se extiende a lo largo de 3,4 km. Muhammad Alí la convirtió en su residencia y sede del Estado, y también construyó una mezquita inspirada en el estilo otomano.

Tradicionalmente, la ciudadela se divide en tres partes bien diferenciadas. No hay acceso a la parte inferior, que se abre a la ciudad a través de Bab el-Azab, donde Muhammad Alí hizo exterminar a los principales líderes mamelucos antes de tomar el control del país. Se puede acceder por el recinto sur, desde el aparcamiento situado frente al Moqqatam. La muralla sur alberga el antiguo palacio de Muhammad Alí y su mezquita de estilo otomano, que domina la ciudad. Desde el punto de vista arquitectónico, la mezquita al-Nasir Mohammed ibn Qalawun es una joya que no hay que perderse. A la muralla norte se accede por Bab el-Qullah, puerta construida en el siglo XVI. Más allá estaba la guarnición de la ciudadela. En el extremo más alejado, la mezquita de Suleiman Pasha conserva su hermosa decoración de cerámica de Iznik y un mausoleo al que aún se rinde homenaje. Un breve recorrido por las murallas cercanas le dará una idea de la protección que ofrecía la ciudadela, que seguía siendo uno de los principales elementos defensivos de El Cairo.

■ MEZQUITA DE MUHAMMAD ALÍ ★★★

La construcción de esta magnífica mezquita, también conocida como mezquita de Alabastro, se ordenó en 1830 y se terminó en 1857. Su estilo deriva de la mezquita Santa Sofía de Estambul y refleja el gusto otomano de la época. El virrey de Egipto tenía que competir con la Sublime Puerta, y esta mezquita se consideraba un acto de arrogancia. El exterior es completamente blanco, de ahí su segundo nombre. En el interior, la mezquita impresiona tanto por su tamaño, volumen y ubicación como por la calidad de su decoración. Las cúpulas se retiraron en la década de 1930 para su restauración. Muhammad Alí está enterrado aquí, a la izquierda al salir. La mezquita sigue en uso hoy en día, así que le rogamos que sea respetuoso cuando la visite.

Muhammad Alí (nacido a finales de la década de 1760 y fallecido en 1849) fue un gobernador de Egipto enviado por el califa otomano. Reinó durante 42 años, de 1805 a 1848. Conocido por la Masacre de la Ciudadela, asustó así a todos los príncipes mamelucos para reinar solo. También es famoso por haber contribuido al desarrollo del país, permitiendo una verdadera modernización de Egipto. En particular, hizo posible la cooperación con otros países, trayendo investigadores para mejorar el sistema de irrigación del Nilo; también desarrolló el cultivo del algodón y la caña de azúcar, y creó la primera universidad del país… Sus hijos y nietos continuaron el desarrollo del país de la misma manera, especialmente con la construcción del canal de Suez.

◼ IGLESIA COLGANTE DE SANTA MARÍA (AL-MU'ALLAQAH) ⭐⭐⭐
Construida en el emplazamiento de un templo romano, la iglesia se amplió varias veces, la última en 1775. Levantada a diez metros del suelo, está sustentada por torres y carece de cimientos. Destaca el techo de madera en forma de Arca de Noé. El púlpito, sostenido por esbeltas columnas y con incrustaciones de mármol de colores, data del siglo XI. Los iconostasios están finamente cincelados y tienen incrustaciones de marfil. Con 110 iconos, algunos de los cuales datan de principios

del siglo X, es una de los templos más bellos de la ciudad.

◼ JAN EL-JALILI ⭐⭐⭐
Un *jan* es un gran mercado con diversos puestos y mercaderes de todo tipo. El de el-Jalili fue construido en 1380 por el príncipe Djaharks el-Jalili.

Lo mejor es dejarse llevar por la corriente de compradores sin escuchar demasiado las llamadas multilingües de los mercaderes del zoco. Si le tienta alguna baratija para comprar, no dude en rebajar el precio que le ofrecen en un 500 %; le gritarán que la vida es dura, que la moneda egipcia no vale nada, etc., pero aguante e intente irse, verá cómo el vendedor empieza a bajar sus precios. Repita este proceso varias veces hasta conseguir el precio que quiera pagar. Haga una parada, por supuesto, en el café El Fishawy, donde los intelectuales egipcios siguen acudiendo por las mañanas para inspirarse en el maestro Naguib Mahfuz, que solía venir aquí todos los días; su hijo espiritual, Gamal Al-Ghitani, ya fallecido, estuvo aquí durante mucho tiempo.

Si busca objetos más antiguos, tome el callejón el-Badistan, pase la puerta del mismo nombre y gire inmediatamente a la izquierda. En esta callejuela cubierta, a diez metros a su izquierda, encontrará una escalera; suba unos escalones y llegará al primer piso de una *wakala* (nombre dado a los caravasares egipcios), donde encontrará lo que busca. Entre los estañadores de cobre de la izquierda, tres mercaderes de segunda mano venden objetos con menos de cien años: cámaras de fotos y sus soportes, gramófonos, frascos de kohl, etc.

VISITA

■ MADRASA Y MARISTÁN MANSUR QALAWUN ★★

En 1284, el sultán Mansur el-Qalawun mandó construir este magnífico complejo que comprende una madrasa, una mezquita, un mausoleo y un maristán (hospital). La disposición de la mezquita es clásica: patio cuadrado, cuatro *iwan*. La particularidad de la fachada es que el pórtico de la madrasa es del más puro estilo gótico: fue desmontado por el vencedor Qalawun, tras una batalla en San Juan de Acre, y vuelto a montar en El Cairo. Las almenas del edificio son preciosas.

■ CASA-MUSEO DE GAYER ANDERSON ★★★

El complejo, situado en la esquina sureste de la mezquita de Ibn Tulun, está formado por dos casas contiguas. Una calle privada las separa en la planta baja, pero los pisos superiores se comunican entre sí. Estas casas del siglo XVII fueron reconvertidas en el siglo XIX por el oficial inglés Gayer Anderson, que tenía un gran gusto por el orientalismo.

La visita comienza en la casa de la izquierda. A la derecha está la sala de duchas restaurada, debajo de la cual se encuentra la cisterna; el pozo está oculto por un armario de madera que el guía se divertirá haciendo girar ante los visitantes. El patio interior está pavimentado con mármol; la fuente central debió de mecer la casa con la suave música del agua.

Una escalera conduce a la terraza de verano, orientada al norte para evitar los estragos del sol. Conduce a una bonita sala de estar que debió de ser el *salamlek,* el salón de los hombres, en el que Gayer Anderson coleccionó algunos objetos muy finos y bandejas de plata. En las plantas superiores se encuentra el comedor británico, un auténtico museo de curiosidades. En la terraza superior hay varios *mashrabiya* con vistas a la mezquita de Ibn Tulun.

Saliendo del gabinete de curiosidades, se llega a la segunda casa, más interesante por su mobiliario oriental. Una habitación con una cama de día, donde le gustaba descansar al dueño de la casa, inicia esta sección, seguida de otro cuarto elevado en cuyo centro se ha colocado una cama de origen sirio. Descendiendo de nuevo, se llega a la parte superior del salón principal. Una galería cerrada por *mashrabiyas* permitía a las mujeres participar en conversaciones sin ser vistas; una pequeña logia secreta se oculta tras una estantería esquinera.

En la misma planta, hay un salón femenino con un mobiliario poco común, que incluye armarios de madera pintada con escenas de amor y caza. Volverá a bajar a la planta baja para entrar en el salón de hombres, con suelo de mármol, donde se ha instalado una fuente escalonada. Mirando hacia arriba, podrá ver no solo el artesonado de madera, sino también los *mashrabiya* tras los que se escondían las mujeres. Llegará entonces al patio de la segunda casa, donde las zonas comunes se han convertido en un pequeño museo de objetos insólitos. Saldrá por la puerta opuesta, por la calle privada, encantado de haber compartido la imaginaria vida cotidiana de una casa adosada cairota del siglo XVII. Numerosos y magníficos objetos de colección procedentes de varios países, incluido el antiguo Egipto, completan la visita.

■ MAUSOLEO DE SHAJAR AL-DURR ⭐

Calle Abd el-Megid el-Laban
El Cairo islámico

La historia de Shajar al-Durr, cuyo nombre significa «el árbol de las perlas», es increíble. Se casó con el último sultán ayubí, El-Salih Ayyub, que luchó contra Luis IX de Francia y murió en el delta en 1249. Ocultó la muerte de su marido durante tres meses para dar tiempo a su hijo, Turan Shah, a regresar de Mesopotamia y poder suceder a su padre. Continuó la lucha contra los cruzados y encarceló a san Luis en Mansura tras la batalla homónima de 1250. Los soldados mamelucos que regresaban de esta campaña no aceptaron a Turan Shah y lo mataron, con la complicidad de su madre. Feminista antes de tiempo, Shajar al-Durr se proclamó sultana y gobernó el país durante ochenta días, al término de los cuales se casó con Aybak, que comandaba a los mamelucos. En 1257, al enterarse de que su marido deseaba tomar una segunda esposa, lo mató. Llena de rabia, su rival y sus secuaces la mataron al salir del baño, utilizando sandalias de madera, como las que aún se usan en los hammams. De hecho, se dice que su rival le dedicó un postre a su muerte que aún se come hoy en día: el *Umm Ali*. El cuerpo sin vida de Shajar el-Durr fue arrojado desde una torre de la ciudadela y abandonado a los perros durante tres días. Finalmente, se le dio digna sepultura en el mausoleo que ella mandó construir para sí misma. Este monumento es el último edificio de estilo ayubí, que también se inspiró en elementos abasíes. El mosaico interior representa un árbol de perlas.

■ MEZQUITA DEL SULTÁN HASÁN Y MEZQUITA DE AL-RIFA'I ⭐⭐⭐

En la plaza Salah ad-Din, estas dos mezquitas se encuentran frente a frente y destacan por dos motivos muy diferentes.

▶ **Mezquita del Sultán Hasán.** Puede que el reinado del sultán Hasán no se recuerde en la historia egipcia, pero la arquitectura del país le debe esta joya del arte religioso mameluco: la madrasa que mandó construir entre 1356 y 1363. El patio cuadrado de la mezquita está flanqueado por cuatro gigantescos *iwan*, con una fuente de mármol cubierta en ek centro. Del *iwan* principal «descienden» lámparas que cuelgan del techo y se eleva una plataforma sostenida por ocho pilares de mármol. El mausoleo, al que se accede por una puerta en la parte trasera del *iwan* principal, contiene los cuerpos de los dos hijos del sultán.

▶ **Mezquita de Al Rifai.** Construida en 1819 y terminada en 1912, esta mezquita se alza en el emplazamiento histórico de la zagüía del jeque Al Rifai, construida en 1122. Es más reciente que su vecina y se inspiró en la arquitectura de esta última. A veces se piensa que son gemelas, pero las separan más de cinco siglos. Las obras de la mezquita de Al Rifai fueron un tanto caóticas, interrumpidas varias veces y abandonadas a su suerte durante un cuarto de siglo. Alberga numerosas tumbas reales, entre ellas la de Mohamed Reza Pahlavi, último sha de Irán. Algunas de las tumbas están adornadas con magníficas piedras, entre ellas enormes zafiros en bruto. Simplemente impresionante. Ricos *tarkiba* marcan sus tumbas bajo la cúpula.

■ MEZQUITA AL-AZHAR

Es la más antigua de las mezquitas fatimíes de la ciudad, construida en el 971 por el general Chauhar. La puerta principal data del siglo XVIII. Se abre a un patio que da acceso a dos madrasas de los siglos XIII y XIV. Solo el patio principal conserva las dimensiones de la primera mezquita fatimí de al-Azhar. La sala de oración conserva la decoración de estuco del siglo XII. El muro de la alquibla (orientado hacia La Meca) y el nicho del mihrab son más recientes. Los alminares son de construcción mameluca.

■ MEZQUITA DE IBN TULUN ★★★

Esta mezquita no solo es una de las más antiguas del país, sino también la más grande, con 26 000 m². Construida en un terreno elevado para escapar de las crecidas del Nilo y resguardada del mundo exterior por un imponente muro de ladrillo, se le aparecerá de repente al final de una carretera quebrada, venga de donde venga. Su construcción, entre el año 876 y 879, marcó un hito en el desarrollo de la ciudad. Esta mezquita es la única que ha conservado su aspecto original. Una vez atravesado el doble recinto, perforado cada veinte metros por macizas puertas de madera y rematado por elegantes almenas, le sorprenderá la sobriedad y sencillez de su arquitectura, así como la atmósfera de calma y tranquilidad que reina en él. El contacto con una obra de arte perfecta despierta un sentimiento de nobleza y humildad. El patio, que sigue el contorno de un cuadrado perfecto de 92 metros de lado, está bordeado de pórticos de dos naves; solo la sala de oración tiene cinco. Las arcadas están bellamente esculpidas con motivos florales y versículos coránicos.

En el centro del vasto patio se alza una fuente de piedra, pulida por el uso y el tiempo, que se utilizaba para las abluciones de los creyentes. Al curioso alminar, que recuerda al de Samarra (Iraq), se accede por una escalera de caracol única en Egipto. Admire el púlpito junto al mihrab, uno de los más bellos de El Cairo. Le impresionará la espiritualidad que emana de él. Su visita le dejará una huella imborrable.

■ MUSEO COPTO

Mar Guirguis Street
℡ +20 2 23 63 97 42

Se oculta tras la imponente torre circular, vestigio de las murallas romanas, al final de un agradable jardín. El espléndido edificio que lo alberga contiene elementos arquitectónicos tomados de varios edificios coptos destinados a la destrucción. Este museo posee la colección de objetos coptos más completa del mundo. Además de su agradable entorno, la visita al museo es una forma muy interesante de comprender el arte copto. Una sala tras otra revelan suntuosos trabajos en madera con incrustaciones de nácar y marfil, numerosos iconos, manuscritos y papiros, así como tejidos antiguos.

Las primeras piezas coptas se expusieron en la sala copta del primer museo de Bulaq. En 1907, el patriarca copto de la época ordenó inventariar los hallazgos arqueológicos coptos conservados en iglesias y monasterios. Fue en 1910 cuando se inauguraron, con la ayuda de Marcus Simaika Pasha, las primeras salas de lo que hoy es el Museo de Arte Copto.

Planta baja

▶ **Sala 2.** Un gran tapiz del siglo IV o V, procedente de Antinoópolis, en el Egipto

Medio, con escenas festivas, a las que los coptos también estaban acostumbrados en tejidos de lino bordados con lana. Friso de piedra caliza del monasterio de San Jeremías de Saqqara, con motivos decorativos florales y animales de inspiración romana. Friso pintado con cuatro santos nimbados.

▶ **Sala 3.** Los elementos esculpidos de esta sala ilustran perfectamente las influencias helenísticas del siglo IV en el arte copto. Capitel de piedra caliza ennegrecida, que representa a un hombre parecido al dios Dioniso, bebiendo vino. Notable busto de Afrodita con amplio collar y el pelo suelto. Hércules y el león de Nemea. Nicho en forma de concha rodeado de un friso helenístico. Apolo y su lira. Orfeo domando a un león. El dios Pan, reconocible por sus patas de animal. Orfeo y Eurídice. Y lo más divertido, una cruz sostenida por dos Eros desnudos.

▶ **Sala 4.** Los elementos esculpidos en esta sala ponen de relieve las influencias de las antiguas creencias egipcias en el nuevo arte cristiano. Estela funeraria de Petros, que representa una barca. Estela funeraria decorada con una cruz y un águila, a la vez motivo cristiano de resurrección y símbolo egipcio. Pila bautismal tallada en un capitel antiguo, realzada con decoraciones de cestas tejidas y cruces.

▶ **Salas 5 a 6 y patio interior**. Arte cristiano en los monasterios del desierto. Nicho pintado que representa a Cristo en majestad, rodeado de ángeles sonrientes. Otro nicho con una pintura de Cristo en Majestad. Jarras de cerámica decoradas con peces, un símbolo cuyo acróstico en griego, ΙΧΘΥΣ, puede significar «Jesucristo, Hijo de Dios, Salvador». El patio interior contiene varios capiteles procedentes del monasterio de San Jeremías de Saqqara.

▶ **Salas 7 a 9.** Piezas procedentes del monasterio de San Pablo de Bawit. Un techo abovedado representa a san Apolo, o Pablo, fundador del monasterio, rodeado de sus monjes Phib y Anup. En la sala 8, un espléndido conjunto de hornacinas pintadas reconstruidas, con la Virgen María sosteniendo a su hijo en brazos y, en la bóveda, Cristo en majestad rodeado de los signos de los cuatro evangelistas y ángeles adoradores. Otro fresco representa el busto de Cristo, con rasgos particularmente egipcios. En la sala 9, un inesperado fresco muestra que sostienen flores en sus patas y piden la paz a un gato a punto de atacar, conocido como el «gato de la ciudad de Buto» (en el delta).

Primer piso

▶ **Sala 10.** Espléndido escudo de bronce, siglo III o IV, que representa un águila, de inspiración romana, hallado en las ruinas de Babilonia. Serie de bajorrelieves de piedra caliza que representan la vendimia. Friso de piedra caliza con tres animales bajo hojas de acanto; dos leones persiguen a un antílope doméstico.

▶ **Sala 11.** Piezas que evocan episodios de la Biblia. Fresco rojo procedente de Nubia, de la iglesia de Abdallah Nirqi, que representa la Natividad. Magnífica peineta de marfil que representa, por un lado, ángeles rodeando a un guerrero y, por otro, la resurrección de Lázaro envuelto en vendas de momia. Friso pintado procedente del monasterio de Tebtunis, en Fayum, que representa a Adán y Eva desnudos y ocultando sus genitales tras el episodio del pecado original.

VISITA

▶ **Salas 12 a 14.** Una espléndida colección de tejidos coptos. En general, las túnicas son de lino, mientras que los elementos decorativos son de lana. Las representaciones humanas fueron prohibidas por la jerarquía copta ya en el siglo IV, pero la práctica continuó hasta la invasión árabe. Algunas telas se confeccionaban con el único fin de vestir a los difuntos. Las decoraciones son muy representativas y simbólicas.

▶ **Sala 15.** Biblioteca de Nag Hammadi. Colección de trece códices en una vasija hallada en 1945 por un camellero. La mayoría de las obras datan de la segunda mitad del siglo IV. Los códices sustituyeron a los antiguos pergaminos y sus hojas son de papiro y pergamino, conservadas planas en fundas de cuero.

▶ **Salas 16 y 17.** Colección de libros. Los Evangelios, manuscrito iluminado procedente de Damasco en 1340, en árabe. Leccionario de Semana Santa, manuscrito iluminado realizado en Egipto en 1342. Sala 17, salterio en pergamino del siglo IV, procedente de El-Mudil.

▶ **Galería.** Colección de elementos decorativos procedentes de las celdas de los monjes del desierto. Pintados con la técnica del temple, una textura a base de yema de huevo destinada a impregnar el yeso y la madera enlucida. Cruz roja estilizada de Qusur al-Rubaiyat, siglo VII. Plato de cerámica decorado con peces, hallado en una celda de Qusur el-Hegella, siglo VI.

▶ **Sala 18.** Escenas nilóticas. Frisos de madera con percas del Nilo y cocodrilos. Bóveda de piedra caliza con patos, papiros estilizados y hombres en barcas. Busto de piedra caliza del Nilo, siglo III o IV, en forma de hombre barbudo rodeado de flores de loto.

▶ **Sala 19.** Objetos de madera. Panel que representa a un león atacando a un antílope, procedente de Afroditópolis. Juguetes de madera del siglo VI que representan caballos. Peines estilizados de época bizantina.

© MELNIKOV DMITRIY - SHUTTERSTOCK.COM (1)

Museo Nacional de la Civilización Egipcia.

Salas 20 a 22. Colección de iconos. En las iglesias coptas no hay estatuas, sino iconos pintados sobre madera con la misma técnica del temple. Tríptico de Semana Santa, siglo XIII, que representa la crucifixión de Cristo en el centro, tres escenas de la entrada en Jerusalén, el lavatorio de los pies y la Última Cena a la izquierda, y el descendimiento de la cruz, el entierro y la resurrección a la derecha. Icono de los santos Antonio y Pablo de Tebas, procedente del monasterio de Mercurio: un cuervo lleva pan a san Antonio, que se muere de hambre, y dos leones aparecen a la muerte de san Pablo de Tebas. Icono de la Huida a Egipto, de la Sagrada Familia, cuya presencia ha generado una serie de veneraciones en numerosas localidades del país.

Sala 23. Objetos de metal. Plato bíblico de plata, siglo XIII, que representa a la Virgen nimbada llevando a su hijo en brazos; la escritura está en árabe. Lámparas de aceite colgantes de bronce de época bizantina, con forma de paloma y ave de corral. Una serie de llaves de bronce y hierro del monasterio Blanco de Sohag.

Salas 24 y 25. Alfarería y cerámica. Destaca un frasco de san Menas, o Mina, procedente del monasterio del mismo nombre en la parte oeste de Alejandría. Miles de estos frascos de terracota fueron traídos por los peregrinos desde este lugar sagrado.

Sala 26. Palanquín otomano de madera, marfil, hueso y nácar. Las dimensiones de este palanquín son impresionantes: 1,95 m de largo por 1,12 m de alto y por 1,05 m de ancho. Perteneció a una rica dama cristiana, que encargó este objeto decorado con motivos de su religión.

Planta baja

Tres salas con objetos decorativos procedentes de las iglesias del Viejo Cairo. Un altar de pino del siglo V procedente de la iglesia de los Santos Sergio y Baco. Elementos tallados de una puerta de sicomoro (la higuera egipcia) de la iglesia de Santa Bárbara. Un estuche bíblico del siglo XV de madera, plata, chapas de oro y vidrios de colores de la iglesia de la Virgen María.

■ **MUSEO NACIONAL DE LA CIVILIZACIÓN EGIPCIA (NMEC)**

Carretera de El-Fustat – Ein as Seirah
✆ +20 2 27 41 22 73
www.nmec.gov.eg
info@nmec.gov.eg

Situado en Fustat, el primer museo dedicado al conjunto de la civilización egipcia abrió por fin sus puertas en 2021, tras una inauguración parcial en 2017. Su moderno edificio arquitectónico alberga una vasta sala principal que hace de espacio de exposición permanente. Aquí se han reunido más de 50 000 piezas: estatuas de la Antigüedad, cerámicas, textiles, joyas, objetos de la vida cotidiana y artesanía. Estos objetos recorren la historia de la civilización egipcia desde el Predinástico (último periodo de la prehistoria egipcia) hasta nuestros días. Pero la sala estrella (y enorme) es la que contiene las momias de dieciocho reyes y cuatro reinas que reinaron entre las dinastías XVII y XX. Anteriormente se encontraban en el museo de la plaza Tahrir. La sala se ha diseñado para dar a los visitantes la impresión de estar visitando una tumba real, como las que se encuentran en el valle de los Reyes, de donde proceden la mayoría de las momias y sarcófagos expuestos.

VISITA

Entre estos soberanos se encuentran la reina Hatshepsut, una de las primeras mujeres faraón de Egipto, y el faraón Ramsés II, famoso sobre todo por haber reinado durante más tiempo en el antiguo Egipto, sesenta y seis años. No se la pierda por nada esta sala. Tras la visita, puede hacer una parada en la cafetería y la tienda de recuerdos de este flamante y agradable edificio, flanqueado por una gran explanada.

■ PARQUE AL-AZHAR

Sharia Salah Salem
www.azharpark.com
info@alazharpark.com
Inaugurado en 2005, este parque está situado entre al-Azhar, la muralla Ayubí, la Ciudad de los Muertos y la Ciudadela de El Cairo. Ofrece una vista única de la ciudad histórica e islámica. Las antiguas murallas de la ciudad, que datan del siglo XII, ofrecen una panorámica absolutamente extraordinaria de El Cairo, así como un recorrido por el corazón del barrio islámico. Se entra por el parque de la puerta de Bab al-Mahruq, para dar un paseo de medio día. La ruta está señalizada y en el parque encontrará un mapa.

■ SINAGOGA BEN EZRA

Construida en el siglo XII en el emplazamiento de una iglesia (San Miguel), la sinagoga más antigua de El Cairo ha sido restaurada recientemente. Su arquitectura es cristiana, sus arabescos, islámicos, y sus ornamentos e inscripciones, hebraicos, pero esta combinación forma un conjunto sorprendentemente armonioso. Según la tradición judía, aquí está enterrado el profeta Jeremías. También se dice que es el lugar donde la hija del faraón descubrió a Moisés flotando en el Nilo. Es la única sinagoga de El Cairo abierta al público, y además es magnífica. No se la pierda.

■ TEATRO DARWISH

Este teatro sufí del siglo XVIII es interesante por la calidad de la preservación de sus partes de madera. Construido sobre las ruinas de la madrasa Sunqur Saadi, cuyo mausoleo aún puede verse, su planta baja presenta un teatro en cuyo centro hay una pista de baile redonda bordeada por balaustradas de madera. Aquí bailaban los derviches sufíes mientras cantaban el nombre de Alá. La logia de madera, protegida de la vista por calosías, estaba destinada a las mujeres. El friso que sostiene la cúpula está decorado al más puro estilo otomano.

Centro y Garden City

■ MUSEO DE ARTE ISLÁMICO

Midan Bab el Khalq
En la encrucijada de las *sharias* de Puerto Saíd y de Muhammad Alí.
Inaugurado en 1903, alberga la mayor colección de arte islámico del mundo y poco más del 1 % de los 100 000 objetos que alberga están expuestos al público. El 24 de enero de 2014, la fachada y 180 jarrones y lámparas de cristal sufrieron graves daños al estallar un camión bomba, cuyo objetivo era la sede de la policía situada frente al museo. Tras tres años de renovación, financiada por los Emiratos Árabes Unidos, el museo reabrió finalmente a principios de 2017. Su museografía se ha renovado en gran medida, con nuevas salas, como las

dedicadas a la vida cotidiana, ahora bien señalizadas. La visita comienza en la sala central, al final de la escalinata, y continúa en el ala derecha, que sigue la cronología de las cinco dinastías que gobernaron Egipto: omeyas, abasíes, fatimíes, ayubíes y mamelucos, hasta el padre del Egipto moderno, Muhammad Alí. A continuación, naturalmente, se encontrará con el ala izquierda, que alberga las salas temáticas y la exposición temporal. Los carteles dorados indican las obras maestras que no hay que perderse. Las explicaciones son sucintas, por lo que es aconsejable solicitar una visita guiada en recepción.

■ MUSEO EGIPCIO ★★★★
Midan Tahrir

Como el resto del país, el Museo Egipcio está abarrotado, aunque no será por mucho más tiempo, ya que algunas de sus obras se trasladarán al Gran Museo Egipcio, cuya apertura parcial tuvo lugar en 2024. Sin duda, las obras que se presentan a continuación se organizarán de una forma muy diferente una vez que el famoso Gran Museo haya abierto sus puertas al completo. En particular, se trasladará todo el tesoro de Tutankamón, lo que afectará a una gran parte de su museografía.

Si es un apasionado, una sola visita no bastará para ver al completo las cerca de cien mil antigüedades expuestas. Sobre todo porque la falta de espacio y la vertiginosa profusión de objetos expuestos pondrán a prueba sus nervios, y al cabo de dos horas ya no habrá nada en lo que pueda fijar la mirada: verá con cansancio maravillas que merecen una mayor atención. Después de esta visita, los templos y tumbas del Alto Egipto le parecerán bastante vacíos.

 **Fachada y jardines.** Este edificio, construido en 1896 por Marcel Dourgnon, es posiblemente el primer verdadero museo egipcio de El Cairo. Auguste Mariette, a quien Muhammad Alí había confiado la dirección del primer departamento de antigüedades, tenía la ambición de construir este museo y dedicó parte de su vida al proyecto. Murió en 1881 y su sucesor encargó a Dourgnon el diseño del edificio que hoy conocemos, al que Gaston Maspero trasladó las colecciones en 1902, año de inauguración del museo.

Rodeado en la actualidad de edificios más altos que su elegante cúpula, el museo se construyó en el nuevo barrio de Bulaq, antaño pantanoso e inundado por el río, que el jedive Ismail transformó en un barrio *chic* de inspiración occidental a finales del siglo XIX. La fachada neoclásica del edificio refleja los gustos del jedive, cuyo corazón oscilaba entre Francia e Italia. En los jardines situados al oeste, un hombre de bronce ataviado con unfez vigila su mausoleo: se trata de Auguste Mariette, a quien debe mucho la protección de las antigüedades egipcias. Los visitantes pueden pasear por el jardín, salpicado de estatuas monumentales y un estanque plantado de papiros.

▶ **Indicaciones para la visita.** Las salas expuestas contienen las piezas más notables del museo, imprescindibles para aquellos visitantes que solo disponen de dos horas. Las otras salas de la planta baja, que no se mencionan, contienen estatuaria helenística, mientras que las salas de la primera planta, que tampoco se mencionan, contienen sarcófagos y objetos rituales o de uso cotidiano.

Los objetos de arte de la primera planta, menos impresionantes si se considera únicamente la magnificencia del trabajo de los orfebres y plateros reales, seducirán a los amantes de la cerámica y la ebanistería, y a la sensibilidad de todos aquellos que reconozcan en ellos la expresión del genio creador humano, forjado hace algunos milenios. La visita a las salas sigue el ritmo de los latidos del corazón. Aquí, no se viene a ver una sucesión de piedras moldeadas y amontonadas, sino a semidioses en forma de estatuas parecen vivas.

▶ **Planta baja: periodo predinástico (4000-3000 a. C.) y protodinástico (2920-2770 a. C.).** Sala 43. Se conocen pocos objetos predinásticos de Nagada I, II y III, aparte de algunas estelas grabadas en marfil y cuencos de terracota, entre ellos un notable ejemplo decorado con cocodrilos en relieve. La gran excepción es la paleta de Narmer, que se sitúa en la confluencia de los periodos y se atribuye a la dinastía «0», una rareza de la egiptología. Esta losa de esquisto de doble cara está grabada con una representación muy elaborada del faraón, con símbolos de poder y autoridad cuidadosamente pensados. No es, sin embargo, la primera imagen de un faraón que tenemos, al contrario de lo que declararán los guías ante la paleta de Narmer, y podemos remitirnos a la exposición *Faraón* de 2003 en el Instituto del Mundo Árabe, que presentaba una estatuilla de esquisto de Nagada I de un hombre barbudo que lleva la corona del Alto Egipto (Museo de Lyon). La paleta de Narmer, que celebra la reunificación de los dos reinos, muestra los símbolos del faraón tal y como fueron reutilizados posteriormente por todas las dinastías. Por un lado, el faraón barbudo lleva la corona del Alto Egipto (el *jedyet*), sosteniendo en su mano derecha una maza que está a punto de estrellar contra la cabeza de un enemigo arrodillado ante él. Un dignatario mucho más pequeño está de pie detrás de él, calzando sus sandalias. Al otro lado, el faraón lleva los atributos del Bajo Egipto y se eleva sobre los enemigos decapitados. A ambos lados, las cabezas de toro representan a la diosa Athor y rodean el nombre del faraón.

El periodo protodinástico, con sus dos primeras dinastías, es más rico en estos objetos, que se presentan en esta primera sala del museo.

Es interesante para los amantes del arte y los visitantes constatar que los materiales utilizados eran los mismos que los empleados por los sucesores de estos primeros faraones: oro, cerámica en bruto o esmaltada, cornalina y amatista para las joyas; marfil, madera y arcilla para los objetos de uso cotidiano; esquisto, esteatita, alabastro, caliza y granito rosa para las estatuas.

▶ **Imperio Antiguo (2649 - 2065 a. C.).** Salas 31, 32, 36, 37, 41, 42, 46, 47, 48. Las obras expuestas en estas salas trascienden los acontecimientos políticos del Imperio Antiguo, periodo dividido en ocho poderosas dinastías que dieron a Egipto una posición regional dominante. Los faraones más recordados por la historia son Zoser, Keops, Unas, Teti y Pepi I.

▶ **47.** Zoser, constructor del complejo funerario de Saqqara con la ayuda del genial arquitecto Imhotep, es representado sentado, con peluca y barba postiza, en una estatua de piedra caliza pintada. A continuación, se muestra al faraón en medio de tres tríadas de esquisto verde de Micerino. El faraón, con sacando pecho, sostiene en su mano derecha la de la diosa Athor, y en la izquierda la de un nomo del país, es decir, una jurisdicción.

Las mastabas de Saqqara contenían estatuillas de piedra caliza pintadas del faraón y su familia, cuyos colores se han salvado extraordinariamente del desgaste del tiempo.

▶ **46.** En la estatuaria egipcia del Imperio Antiguo existe el deseo de mostrar la humanidad de las personas representadas, ya sean el faraón y su familia o simples trabajadores esculpidos, como este joven portador de una vistosa cestería. Las esculturas funerarias nos conmueven por su cercanía: Ak, sentado en un asiento de piedra caliza pintada de negro, está rodeado por el brazo derecho de su esposa, y la eternidad solo conserva su amor tierno e íntimo, que nunca debía terminar. El escriba sentado muestra sin pudor una barriga llena y el pecho de un hombre que come bien; no hay ningún intento artificial de camuflar al ser humano.

▶ **41.** En medio de los bajorrelieves de piedra caliza pintada extraídos de las mastabas de Meidum, cerca de la pirámide del mismo nombre, hay una estatua de alabastro del mismo Micerino sentado en su trono, que muestra el veteado típico de esta piedra, muy sensible al calor y que puede ennegrecerse fácilmente cuando se expone. Los gansos de Meidum se extrajeron de la mastaba de la pirámide del mismo nombre, a cien kilómetros de Guiza. Este yeso pintado es excepcional por sus colores.

▶ **42.** El rostro de Kefrén, de diorita, la segunda roca más dura después del diamante, es uno de los más conocidos de los reyes de Egipto, ya que es su cara la que adorna los billetes rojos de 10 LE que hay en todos los bolsillos. Pero el encuentro con el original es profundamente conmovedor. El museo deja contemplar una estatua del rey sentado. La maestría del escultor en su arte roza la perfección. De este modo, admiramos tanto la obra como el modelo. Solo falta un aliento para que Kefrén se levante, vivo. Vestido con un sencillo taparrabos de lino y cubierto con su tocado, está casi desnudo. Sin embargo, su majestuosidad resplandece con naturalidad. La piedra así trabajada expresa a la perfección la humanidad del rey. Solo se ve el perfil de Horus, el dios halcón, que está esculpido como una prolongación de la cabeza y protege al faraón. Igualmente conmovedora es la estatua de madera de Ka'aper, que recibió el sobrenombre de «alcalde del pueblo», o «umda» en egipcio, porque la estatua se parecía al alcalde de Saqqara, donde fue encontrada. Se hizo hace más de 4500 años.

▶ **32.** La variedad de las obras expuestas no les resta calidad. Los colores de las estatuas sedentes de Rahotep y su esposa Nofret, en piedra caliza pintada, se ven tan vivos que parecen hechas del día anterior. Admiramos el collar compuesto que lleva Nofret, y el bigote de su marido recuerda los rostros de los jóvenes egipcios del delta del Nilo. ¿Qué decir del humor del escultor y de sus modelos cuando aparecen el enano Seneb, su mujer y sus hijos? Es una foto de familia: Seneb está sentado como un escriba en un banco, mientras su mujer le abraza. Como las piernas, demasiado cortas, no llegan a colgar ante el asiento, su hija e hijo están esculpidos en su lugar.

◗ **37.** Esta sala está especialmente dedicada al reinado de Keops. En una vitrina, una única estatuilla de marfil del rey, que construyó la Gran Pirámide en la meseta de Guiza, fue hallada en Abidos. El ajuar funerario de la sala no pertenece al faraón, cuya cámara aún se busca, sino a su madre, enterrada en una pequeña pirámide cercana.

◗ **Imperio Medio** (**2040-1550 a. C.**). Salas 26, 21, 22, 16, 11: Las obras de arte del Imperio Medio se inspiraron en el periodo precedente y refinaron sus características. Tebas se convirtió en la capital política y religiosa del imperio, y los artistas tuvieron nuevos palacios, templos y tumbas que decorar con estatuas y objetos. La agitación político-religiosa repercutió en el arte, que se convirtió aún más en un medio para afirmar la autoridad del faraón. Las tumbas del valle de los Reyes se excavaban para albergar a poderosos monarcas, enterrados con tesoros cada vez más suntuosos. En la sala principal del museo se puede admirar una monumental estatua de granito rosa de Sesostris III.

◗ **26.** La monumental estatua de Mentuhotep II, en arenisca pintada, procede del templo funerario de Dar al-Bahari, en la orilla oeste de Tebas. Su típica posición sedente es también la de Osiris, con los brazos cruzados. Lleva la imponente doble corona y parece estar inacabado. El color negro de la piel del faraón también puede ser una referencia a la muerte de Osiris.

◗ **21.** Esta sala contiene varios tesoros en bajorrelieve. El pilar de Sesostris I, de piedra caliza fina con partes pintadas aún visibles, procede del templo de Amón en Karnak. A cada lado del pilar, el faraón es abrazado por un dios diferente:

Horus, Amón, Atón, Ptah. Este pilar fue descubierto en el patio del escondite. La estela funeraria de Dedusobek, también en piedra caliza pintada, muestra una escena familiar común en la que el faraón, llevando a su heredero sobre las rodillas, ofrece libaciones al difunto. La estatua de piedra caliza de Sesostris I, además de por la perfecta plasticidad del faraón, es interesante por los dos lados del trono en los que se representan figurativamente el Bajo y el Alto Egipto.

◗ **22.** El mismo rey está representado, esta vez en cedro libanés pintado y recubierto de oro. El artesano ha sabido combinar la madera dorada del cedro con la pintura blanca dorada del taparrabos y la corona del soberano, creando un conjunto muy armonioso.
También podemos admirar la pequeña naos de Najt, que contenía una estatua de este dignatario; este objeto se puso especialmente de moda durante la dinastía XII.

◗ **16.** Imponentes estatuas de granito negro son las joyas de esta sala, en particular la esfinge de Amenemhat III. Esta última pertenece a un grupo de siete piezas halladas en Tanis, la antigua capital del Bajo Egipto. El inusual tocado del faraón, su barba postiza y su rostro redondo y cerrado le confieren un fuerte poder inmanente. Un grupo que representa al mismo faraón con la personificación del dios Nilo, sentados uno junto al otro, sorprende por el dominio de la simetría de las dos figuras.

◗ **11.** Solo hay una obra de arte digna de destacar en esta sala, la estatua de madera del ka. Esta extraordinaria estatua de madera, recubierta de pan de oro y piedras semipreciosas, conserva su capilla funeraria en la misma madera rubia.

Se encontró en Dashur, en el complejo funerario de Amenemhat III. La fe de la época consideraba que cada persona estaba compuesta por cinco elementos: la sombra, la forma espiritual (*akh*), el poder (*ba*), el nombre y la fuerza vital (*ka*). Era a este último elemento al que se hacían ofrendas al faraón fallecido, en forma de alimentos. Por tanto, esta estatua de Amenemhat III servía para mantener la fuerza vital del faraón en la muerte.

▶ **Imperio Nuevo** (**1550 - 664 a. C.**). Salas 12, 11, 7, 8, 3, 13, 9, 10, (14, 15, 20, 25). Si el Imperio Nuevo fue rico en diversidad artística, se debió sin duda a que los monarcas de las dinastías XVIII y XIX eran a menudo personas de carácter fuerte: Hatshepsut, Amenhotep IV, Seti I y Ramsés II. El tesoro de Tutankamón, aunque excepcional, es otra historia. Las dinastías que siguieron, a partir del Tercer Periodo Intermedio (1075 - 664), dejaron de tener gran interés artístico para las antigüedades egipcias, y menos aún el llamado periodo Tardío, que precedió al helenístico.

▶ **12.** El estilo del Imperio Nuevo no olvidó la ternura de la estatuaria de épocas anteriores, como demuestra el grupo sedente de Tutmosis IV con su madre, en roca de granito negro, donde los brazos del rey y de su madre están cruzados. Esta estatua es póstuma en el caso de la madre, que murió cuando se estaba realizando la obra, como describen los jeroglíficos. La estatua de diorita de Tutmosis III, también hallada en el patio del escondite por el egiptólogo francés Legrain, muestra los rasgos de un rey joven con el rostro abierto y sonriente. Esta sala contiene la capilla y la estatua votiva de Hathor,

en arenisca pintada. Entre otras muchas obras maestras, destaca la monumental estatua de Tutankamón, en roca de granito negro, que en aquel momento era joven y aún no había ascendido al trono, como muestra la trenza de su cabello.

▶ **11.** La majestuosa cabeza de la reina Hatshepsut, en piedra caliza pintada, procede del templo que construyó en Dar al-Bahari y completa la serie de pilares osiríes que adornan la tercera fachada, ahora restaurada. Es un buen ejemplo de la utilización del arte con fines políticos y religiosos, ya que la soberana fue ampliamente cuestionada a pesar de que solo iba a ser regente del reino hasta la mayoría de edad de Tutmosis III.

▶ **3.** Esta sala es un bello tributo al arte de Amarna tal y como se desarrolló durante el reinado de Amenhotep IV, cuyo segundo nombre de reinado era Akenatón. Los rostros de Nefertiti en bajorrelieve sobre piedra caliza, o de Amenhotep IV con los colosales pilares de arenisca, corresponden a los nuevos cánones de la estatuaria de este paréntesis monoteísta en la historia de la antigüedad egipcia. Fuera un loco o un genio, rodeado de parientes y consejeros que le animaron en su decisión de romper con la fe de sus padres, es extraordinario constatar que un nuevo estilo artístico se impuso de inmediato y se adhirió al nuevo orden religioso. Se dice que la hinchazón de Amenhotep IV y sus rasgos faciales alargados y demacrados eran la marca de una enfermedad que padecía el monarca. La estela que muestra al faraón, Nefertiti y sus hijas adorando a Atón está completa: las rayas del dios solar único no se han roto, una suerte que no han corrido muchas representaciones similares.

▶ **9 y 10.** Estas dos salas contienen varias estatuas de Ramsés II y de su padre Seti I. Este último dio al antiguo Egipto varios de los bajorrelieves más elegantes, tanto en su templo de la orilla oeste de Tebas como en ciertas salas de Abidos. Su hijo continuó esta obra, dándole un estilo más marcial pero conservando su pureza de formas. Podemos admirar un busto de Ramsés II en roca de granito negro, cuando aún era joven; su túnica de lino es de una rara delicadeza. Un poco a la manera de Narmer, de quien se dice que creó los símbolos artísticos del poder faraónico, un fragmento de bajorrelieve de piedra caliza pintada muestra a Ramsés II, dos veces más alto que sus enemigos, sujetándolos por el pelo mientras sostiene un mayal en la otra mano. En la misma sala, Ramsés II aparece representado de niño, agachado ante el dios Horus, que parece envolverlo en sus alas protectoras.

▶ **Vestíbulo.** Las piezas que se exponen aquí proceden de todas las épocas, pero tienen una cosa en común: son enormes. Por tanto, se han colocado en este gigantesco espacio central a la manera de estatuas de piedra y sarcófagos.
Un grupo colosal de Amenhotep III y su esposa, de siete metros de altura, domina la sala. La piedra caliza rubia muestra una vez más al faraón abrazando el brazo derecho de su esposa. Sus hijas están a sus pies.
Se exponen dos sarcófagos de arenisca de la reina Hatshepsut. ¿Por qué dos bóvedas para la misma persona? La primera se construyó cuando era consorte real, la segunda cuando se convirtió en reina. También se labró una tercera que debía contener la regente.

Además, se expone la magnífica tumba de granito rosa de Merenptah, que rechazada por Psusennes I. En esta tumba, traída de Tanis, se encontró el sarcófago de plata y oro expuesto en la primera planta del museo, en el tesoro dc Tanis.

▶ **La primera planta: el tesoro funerario de la tumba de Tutankamón (dinastía XVIII, 1333-1323 a. C.).** Salas 45, 40, 35, 30, 25, 20, 15, 10, 9, 8, 7, 13, 3. Aunque todos los soberanos egipcios eran enterrados con un cierto número de objetos rituales destinados a su vida eterna, nunca se ha encontrado una tumba del Imperio Nuevo con todo su contenido como lo fue la tumba de Tutankamón, en 1922, en el valle de los Reyes. Las dos galerías dedicadas a la tumba de este joven monarca son fascinantes por la magnificencia de su contenido y por la visión que ofrecen del mobiliario de una tumba real.

▶ **45.** En la primera cámara mortuoria se colocaron dos estatuas de madera dorada que representaban el *ka* (fuerza vital) del difunto. Protegían la entrada y estaban destinadas a recibir ofrendas rituales. Descubiertas hoy, estaban rodeadas por una tela de lino que se ha descompuesto. En esta sala se exponen otras dos estatuas de madera dorada. Una representa al faraón con la corona del Bajo Egipto, el *deshret*, y la otra con la corona del Alto Egipto. En ambos casos, el faraón sostiene en sus manos las insignias de su dignidad, incluido el mayal. La tumba también contenía un escudo votivo de madera dorada que representa al faraón sujetando a un león por la cola —los enemigos— mientras se prepara para golpearlo con una espada.

© GIVAGA – ISTOCKPHOTO.COM

Vista de El Cairo.

▶ **40.** Tutankamón está representado, o bien sobre un leopardo, símbolo de la Vía Láctea o el mundo subterráneo dominado por el faraón, asimilado al sol; o bien sobre una barca de papiro, en posición de caza, dispuesto a golpear con su jabalina a un hipopótamo (animal que simboliza el mal). Entre otros tesoros, esta sala contiene un hermoso cofre de madera pintada que representa al faraón en su carro luchando contra sus enemigos. Los *ushebti*, pequeñas estatuas con la efigie del faraón, que se colocaron en la tumba, estaban destinados a ayudar al rey en sus tareas cotidianas durante toda la eternidad.

▶ **35.** Varias decenas de *ushebtis* de barro azul se exponen en esta sala que también alberga el trono del rey. Esta espléndida pieza de madera recubierta de gruesas láminas de oro, plata, pasta de vidrio y piedras semipreciosas va acompañada de un reposapiés de la misma factura. El respaldo del trono muestra al rey sentado, mientras su esposa, de pie, le toca tiernamente el brazo. Todos los atributos del faraón están representados: el buitre, la serpiente, el león. El reposapiés está decorado con los cuerpos de los enemigos que el faraón domina simbólicamente. También puede detenerse ante una naos de madera chapada en oro y plata, cuya suntuosidad le dejará sin palabras.

▶ **20.** Los objetos más raros se exponen en esta sala. Hay una colección de alabastro, que incluye una lámpara en forma de cuenco con el interior grabado y coloreado que representa al faraón y su esposa, un recipiente para perfumes, una pequeña jofaina y su barca, cuencos y jarrones. Para fabricar estos objetos se seleccionó el alabastro más puro, sin vetas, entre los más bellos del tesoro.

En la misma sala, también se pueden admirar elementos de la flota en miniatura de madera dorada de dieciocho embarcaciones que el faraón debía llevar consigo en su viaje a la eternidad, y que debían transportar todo el tesoro contenido en la tumba real.

▶ **10 y 9.** Aquí se expone una colección de tres lechos funerarios de madera dorada. Sus formas zoomorfas difieren entre sí. La cama en forma de león solo tiene los elementos de este felino, al igual que la cama en forma de vaca, que representa la Tierra original de la vida terrestre. El tercer lecho es un híbrido formado por cabezas de hipopótamo, cuerpo de leopardo y colas de cocodrilo; simboliza al devorador de cadáveres que aparece en el momento en que se pesan las almas. En la misma sala hay un maniquí sin brazos de Tutankamón, así como un soberbio perro que se parece a Anubis, el dios de los muertos, cuya estatua de madera negra y dorada se encontró a la entrada de la tumba. Por último, podemos admirar el ataúd y sus cuatro vasos canopos de alabastro que conservaban las vísceras del rey, guardadas en la caja de madera dorada expuesta a su lado, rodeada de cuatro diosas cuyos brazos abiertos forman un lazo de oración por el faraón.

▶ **8.** En la cámara funeraria del faraón se encontraron cuatro cofres de madera dorada que cubrían el sarcófago, como muñecas rusas, expuestos uno tras otro. Los arqueólogos tardaron ochenta y cuatro días en desmontarlos, en 1922. El primer santuario ya había sido abierto por los saqueadores, que no tuvieron tiempo de continuar su robo; los otros tres santuarios permanecieron sellados. Se cree que estos cofres tienen formas simbólicas: el primero es la tienda donde el rey recupera sus poderes en la otra vida, el segundo y el tercero son a imagen de los templos predinásticos del sur, y el cuarto a imagen de los templos predinásticos del norte. Las paredes están cubiertas de inscripciones mágicas extraídas del Libro de los Muertos.

▶ **13.** Entre los objetos faraónicos de la antecámara de la tumba había un carro ceremonial de madera, cubierto de oro, piedras semipreciosas y pasta de vidrio. El eje del carro está decorado con dos cabezas de enemigos para magnificar el poder del faraón.

▶ **3.** Las piezas de orfebrería contenidas en el sarcófago y el tesoro de oro. En esta sala, iluminada únicamente por luz artificial, se expone la máscara funeraria de Tutankamón, hecha de oro, lapislázuli, cornalina, cuarzo, obsidiana, turquesa y pasta de vidrio. El faraón lleva el *nemes,* el cubrepeluca de lino blanco y azul rodeado por un orle con las imágenes de la serpiente y el buitre; son los guardianes de los dos Egiptos. Las orejas del rey están perforadas, vestigio del periodo amarniano y sus cánones estéticos.

Hay varios colgantes. El primero, en forma de dos cartuchos de oro, era para contener ungüentos. El joven faraón también está representado de forma similar, dos veces, en pasta vítrea dorada y azul, sentado en el suelo, comiendo. Un collar de oro sostiene un halcón de oro y piedra; este estaba pegado a las vendas de la momia, al igual que un collar que muestra tres escarabajos de lapislázuli en un lado y al faraón elegido por Amón. El faraón también llevaba un gran saltire que representaba al dios Horus y un corsé de oro y piedras. En un lado, una escena le representa frente a Amón; en el otro, hay una curiosa representación de un escarabajo con cuerpo de halcón que porta un sol de cornalina. Le rodean las coronas del Alto y Bajo Egipto. El mayal y el cetro del faraón son de bronce, oro, pasta vítrea y madera.

Dos de los tres sarcófagos de madera dorada del faraón están expuestos en el museo, mientras que el tercero se encuentra en la tumba del faraón en el valle de los Reyes. Aquí se puede admirar el sarcófago interior hecho enteramente de oro, así como el segundo sarcófago de madera dorada y enteramente cubierto de un mosaico de turquesa, cornalina y lapislázuli.

▶ **Objetos de oro y plata.** Sala 4. Esta pequeña sala, situada junto a la que contiene la máscara de Tutankamón, muestra una colección de piezas de oro y plata pertenecientes a dos princesas, Sarthathor y Mereret, encontradas en Dashur.

La mayoría de las piezas expuestas no fueron usadas por las princesas en vida, sino que se confeccionaron para su tumba y se cubrieron con las vendas de la momia, que luego se selló en el sarcófago.

Entre los objetos expuestos hay una cabeza de Horus de oro y obsidiana, y un suntuoso espejo de plata sostenido por un mango de oro, obsidiana y piedras semipreciosas.

La colección de collares, brazaletes y colgantes ofrece una valiosa visión del arte de la joyería real de la época. También se exponen vajillas de oro y plata.

▶ **Tesoro de Tanis.** Sala 2. La ciudad de Tanis, en el actual delta del Nilo, albergaba varios templos y tumbas, donde se encontraron numerosos objetos en 1929. Ramsés II fue el responsable de la mayor parte del templo principal. Es muy conocida la máscara de Psusennes I, realizada en oro, lapislázuli y pasta vítrea. Lleva *nemes* de lino blanco y azul y el *uraeus,* protector del Bajo Egipto. Otra pieza importante es el sarcófago de plata del mismo rey, que constituye una notable pieza de orfebrería.

▶ **Carpintería:** salas 12, 17, 22, 27, 32, 37.

▶ **Sarcófagos:** salas 21, 31, 36, 37, 48.

▶ **Yuya y Tuyu:** sala 43. El tesoro de este ministro y su esposa enterrados en el valle de los Reyes está casi completo. Son las dos únicas momias que quedan en el museo.

▶ **Vida cotidiana:** sala 34.

▶ **Ostraka y papiros:** sala 24.

▶ **Dioses del Antiguo Egipto:** sala 19.

▶ **Retratos de Fayum.** Sala 14. El Museo de El Cairo conserva varios retratos procedentes de Fayum, el oasis situado al sureste de la capital egipcia, rico en monumentos del Antiguo Egipto y con pasado romano, como demuestran los retratos funerarios, pintados sobre madera y colocados sobre la cabeza del difunto envuelto en vendas trenzadas en forma de rombo.

■ **PLAZA TAHRIR**
Plaza Tahrir
Centro de la ciudad
Esta plaza fue rediseñada durante el reinado de Nasser y que le dio el nombre de Tahrir, «liberación». Es mucho más grande que la pequeña plaza Ismailía, que limitaba al principio de la calle Talaat Harb.

VISITA

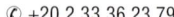

En aquella época, entre el Museo Egipcio y el puente de Qasr el-Nil se levantaba el cuartel homónimo, donde una guarnición militar protegía esta parte de la ciudad. En la actualidad, alrededor de esta plaza se encuentran la sede de la Liga Árabe, la sede del partido político PND, que ardió durante la revolución de enero de 2011, el Museo Egipcio (detrás del hotel Ramsés Hilton está la sede de la televisión y la radio), la Universidad Americana de El Cairo, la Sociedad Geográfica (¡que también ardió en 2011!), la Mogamma, la mezquita Omar Makram y algo del palacio Ismailía, en su mayor parte destruido.

En el centro de la plaza se alza la estatua del jeque Omar Makram, una de las grandes figuras de Muhammad Alí Pasha, que fue creada en 2002 por el escultor Faruq Ibrahim, al estilo de los grandes escultores como Jacquemard y Cordier, que entregaron estatuas monumentales en El Cairo. Fue en esta plaza donde tuvieron lugar las mayores manifestaciones de la revolución de 2011, utilizando el símbolo de la liberación, pero esta vez para enviar un mensaje al presidente Mubarak de que tenía que irse, cosa que hizo. Los egipcios se acostumbraron rápidamente a manifestarse allí y, desde entonces, es donde se reúnen y muestran regularmente su oposición.

Mohandesin, Duqqi y Guiza

■ **MUSEO DE MOHAMED MAHMOUD KHALIL** ★★★
Sharia el-Guiza, Doqqi
1 Sharia Kafour
Entre el Sheraton y el zoo

✆ +20 2 33 36 23 79

Mahmud Jalil, antiguo ministro y presidente del Majlis al-Shura (Senado), fallecido en 1953, conoció a su esposa Emilienne Hector en Francia, donde estudiaba. Con los años, la pareja adquirió una impresionante colección de objetos de arte, especialmente obras de artistas europeos: Van Gogh, Gauguin, Degas, Corot, Courbet, Renoir, Delacroix, Rodin... Cuando Jalil murió en 1960, su esposa donó la colección al Estado egipcio, con la condición de que el museo llevara su nombre. Trasladada a Zamalek en tiempos del presidente El-Sadat, la colección no volvió a la casa del matrimonio hasta 1995. Mientras tanto, algunas de las obras se expusieron en el museo de Orsay de París, bajo el título *Los olvidados de El Cairo*. Se trata sin duda del mejor museo de arte de la ciudad, con unas trescientos pinturas y esculturas europeas del siglo XIX repartidas en tres plantas. Es una transición perfecta entre el sol poniente del Mosa de Jongkind y el Nilo, radiante a través de las ventanas. La obra más destacada del museo es *Vida y muerte,* de Gauguin, una interpretación magistral que es un espectáculo para la vista. Es un pequeño Prado a escala humana: no se lo pierda. Fue aquí donde robaron el cuadro de Van Gogh *Flores de amapola* (¡por segunda vez!) a plena luz del día en el verano de 2010, un cuadro que aún no ha sido encontrado. El museo también alberga la impresionante colección de jarrones chinos, turcos y persas de la familia Jalil, así como obras orientalistas entre las que destaca la magnífica *El Nilo* de Eugène Fromentin.

ALREDEDORES DE EL CAIRO

RUTA DE LAS PIRÁMIDES

MESETA DE GUIZA ★★★★

¡Ay, las pirámides! Son por sí solas la razón para visitar Egipto, y es fácil entender por qué: declaradas Patrimonio de la Humanidad, son la única de las Siete Maravillas del Mundo Antiguo que sigue en pie. Las pirámides y la necrópolis de Guiza son un paso fundamental para comprender la cultura faraónica. Quienes deseen descubrir esta cultura cronológicamente preferirán visitar Saqqara y después Dashur para comprender la evolución de los ritos funerarios y la construcción de las propias pirámides. Aunque las pirámides en sí no están en peligro, el yacimiento sí lo está. Las construcciones carecen de espacio, calma y silencio. Los vivos están demasiado presentes en esta meseta estéril que los antiguos reservaban a los muertos. Cerca de ellas, nos gustaría olvidar el presente, seguir creyendo en el misterio y el enigma que siempre han sido para el espíritu humano. El desarrollo del lugar es muy cuestionable. Al este, no se ha hecho nada para dar a la Esfinge un rostro más digno que las tiendas que se burlan de ella, a doscientos metros de distancia. Al norte, el acceso principal en autobús y coche sigue siendo una batalla campal. En el centro de la meseta de Guiza, un antiestético aparcamiento obliga a los visitantes a acortar su viaje a través de los siglos pasando por los autocares entre las pirámides de Keops y Kefrén. Ya ni siquiera es concebible desviarse hacia el oeste del lugar para intentar encontrar un mirador *virgen* de las pirámides en el desierto: a tres kilómetros, los bloques de pisos de la nueva urbanización Seis de Octubre rompen el encanto. Dentro de unos años, se teme que la meseta de Guiza no sea más que un parque en medio de los suburbios occidentales de El Cairo. Así que no deje de admirar las pirámides de Guiza durante su viaje: desafío al genio humano, magnificencia de la realeza faraónica, conmemoración de la génesis del mundo, símbolo de la perpetuidad del curso solar divino, las pirámides son naturalmente imponentes. Como ocurría generalmente con las colosales empresas funerarias del Imperio Antiguo, las pirámides se construyeron en varias etapas. El proyecto inicial era a menudo considerado demasiado modesto por el rey, que exigía que se modificara, multiplicando a veces por ocho el volumen previsto anteriormente. Antes de construir las pirámides, hubo que nivelar la terraza sobre la que se asentarían, en un promontorio natural situado a unos cuarenta metros sobre el valle. Se calcula que los movimientos de tierra y la preparación del terreno duraron unos diez años.

Para apreciar la envergadura de esta empresa y los enormes recursos necesarios, hay que recordar que cada pirámide tiene dos templos funerarios, uno situado cerca del propio edificio y el otro más abajo, en el valle. Solo se ha reconstruido el templo bajo de Kefrén, considerado durante mucho tiempo el de la Esfinge (el verdadero templo, en ruinas, está justo al lado).

■ BARCA SOLAR

La barca real de Keops, expuesta en este pequeño museo, tiene 4500 años. Fue descubierta en 1950 por el egiptólogo Kamal al-Mallakh en una de las dos fosas excavadas junto a la pirámide, cubierta por una enorme lenlosado. Había sido depositada allí, desmontada de sus 1224 partes constituyentes. Kamal al-Mallakh se encargó de su reconstrucción. Se instaló en 1968 en el lugar donde puede admirarse hoy. Esta barca, que forma parte del mobiliario funerario del faraón, mide 43,3 metros de largo y 5,9 de ancho.

■ GRAN MUSEO EGIPCIO (GEM)

Midan al-Remmaya
Carretera del desierto, Guiza
grandegyptianmuseum.org
El GEM, acrónimo de Grand Egyptian Museum, como ya lo llama todo el mundo, será el mayor museo del mundo dedicado a las antiguas civilizaciones egipcias, abarcando desde la prehistoria hasta la época grecorromana. Su apertura se ha hecho esperar. La primera piedra se colocó en 2002, pero el proyecto es tan enorme que probablemente tardará varias décadas en completarse. Su construcción está financiada por el gobierno egipcio y préstamos de la Agencia de Cooperación Japonesa. Como la mayoría de los proyectos arquitectónicos en curso, será propiedad principalmente del Estado. El edificio

tendrá una superficie de 168 000 m² y exhibirá casi 50 000 obras de arte. Las primeras salas que se mostrarán al público estarán dedicadas a los tesoros de Tutankamón. El resto de las galerías seguirán un orden cronológico, detallando la historia y las creencias asociadas a cada periodo. Los sótanos de hormigón, capaces de soportar un bombardeo, albergan diecisiete laboratorios ultramodernos. La hidrometría y la temperatura se miden constantemente para preservar las colecciones. Un enorme ventanal permitirá contemplar toda la meseta de Guiza y todas las pirámides. Promete ser magnífico.

▶ **Galería de Tutankamón**. Por primera vez, todos los objetos encontrados en la tumba de Tutankamón, descubierta el 4 de noviembre de 1922 por el arqueólogo británico Howard Carter, estarán reunidos en una única sala, o mejor dicho, en dos salas que ocupan una superficie de 7000 m². Es decir, el 70 % de la superficie del actual Museo Egipcio de la plaza Tahrir. Varias piezas, que languidecían en sus polvorientos almacenes, han sido restauradas, entre ellas la armadura de cuero de Tutankamón.

▶ **Barca solar**. La corteza real de Keops, expuesta durante mucho tiempo en un pequeño museo al pie de las pirámides, tiene 4500 años. Fue descubierta en 1950 por el egiptólogo Kamal al-Mallakh en una de las dos fosas excavadas junto a la pirámide, cubierta por una enorme losa de pavimento. Había sido depositada allí, desmontada de sus 1224 partes constituyentes. Kamal al-Mallakh se encargó de su reconstrucción. Se instaló en 1968 y de nuevo en 2023 en el GEM. Este barco forma parte del mobiliario funerario del faraón. Mide 43,3 metros de largo y 5,9 de ancho.

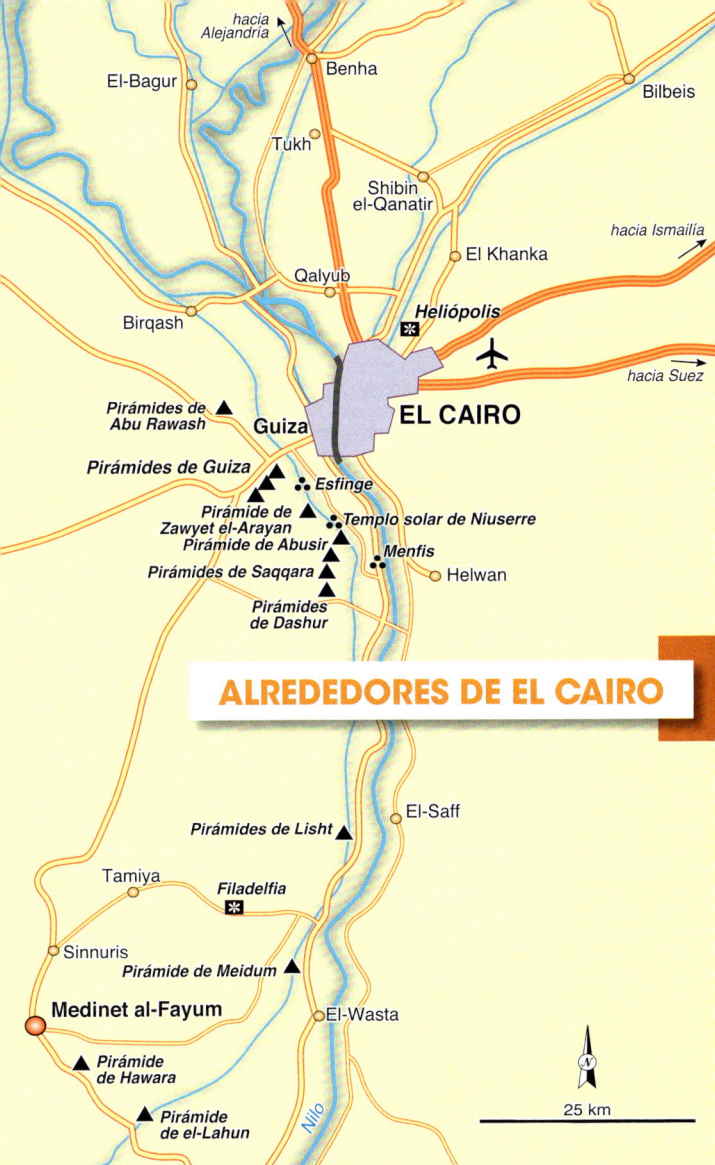

ALREDEDORES DE EL CAIRO

hacia Alejandría
El-Bagur
Benha
Bilbeis
Túkh
Shibin el-Qanatir
hacia Ismailía
El Khanka
Qalyub
Heliópolis
Birqash
hacia Suez
Pirámides de Abu Rawash
Guiza
EL CAIRO
Pirámides de Guiza
Esfinge
Pirámide de Zawyet el-Arayan
Templo solar de Niuserre
Pirámide de Abusir
Menfis
Pirámides de Saqqara
Helwan
Pirámides de Dashur

El-Saff
Pirámides de Lisht
Tamiya
Filadelfia
Sinnuris
Pirámide de Meidum
Medinet al-Fayum
El-Wasta
Pirámide de Hawara
Nilo
Pirámide de el-Lahun
25 km

■ **PIRÁMIDE DE KEFRÉN** ★★★

Descubierta en 1818 y dedicada a Kefrén, hijo de Keops, esta pirámide mide 136 m. Más pequeña que la de su padre, parece sin embargo más imponente porque fue construida sobre una base elevada. Conserva su atractivo revestimiento de piedra caliza en la parte superior. Con una estructura interna menos compleja que la de Keops, su entrada está en la cara norte, desde donde un pasillo empinado conduce a la única cámara funeraria, que tiene un techo muy bajo. Si se rodea la pirámide, se encontrará un poco de paz y tranquilidad, con vistas a las pirámides de las Reinas.

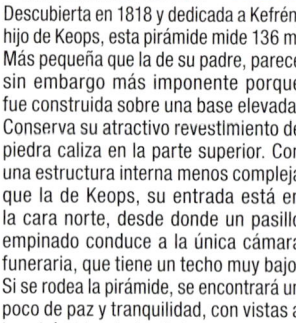

■ **PIRÁMIDE DE KEOPS** ★★★★

¡Cuidado, obra maestra de la humanidad! Se dice que la mayor de las pirámides es un conjunto de tres millones de bloques, ajustados a una altura actual de 137 metros, frente a la altura original de 146 metros. Cada bloque pesa una media de 2,5 toneladas, y los más grandes miden 0,90 m de lado. Se estrechan hasta 0,65 m en la parte cima. En su base, la pirámide mide 230 metros de lado, con una superficie total de más de cinco hectáreas. Falta la punta de nueve metros, que se utilizó para construir edificios más recientes en El Cairo, así como el revestimiento de piedra caliza de la pirámide. Se calcula que la obra tardó unos treinta años en completarse y que cien mil obreros se turnaron para realizarla. Trabajaban durante las crecidas del Nilo, lo que les permitía transportarse mediante rampas circulares hechas de adobe. En los tiempos modernos no se ha encontrado nada en la pirámide, ni momias ni tesoros, aparte de una pequeña estatuilla de 7 cm.

La entrada actual, construida posteriormente, se encuentra unos quince metros por debajo de la original. Un paso largo y muy estrecho, excavado por ladrones de tumbas, conduce a un corredor de dimensiones similares que lleva a la cámara funeraria, la primera de este tipo, situada a treinta metros bajo tierra. Otro corredor conduce a una segunda cámara funeraria, conocida como la cámara de la Reina. También inacabada, está en línea con la pirámide.

Aunque no hay mucho que ver aquí, es el momento de reparar en que está en el corazón de un monumento mítico. Una gran galería de suelo pulido y desgastado, de más de 8 metros de altura y 47 de longitud (de hecho la parte más notable del edificio), da acceso a la cámara real donde aún reposa el sarcófago abierto. Un eficaz sistema de ventilación renueva el aire del interior de la sala, lo que se agradece en los periodos de mayor afluencia. Por encima del techo, formado por nueve bloques de granito que pesan un total de cuatrocientas toneladas, hay cinco cámaras de descarga diseñadas para aliviar el increíble peso que tendría que soportar la cámara funeraria. La masa total de la pirámide representa un peso aproximado de siete millones de toneladas.

Al este de la pirámide se encuentran las tres pirámides conocidas como las pirámides de las Reinas, así como numerosas tumbas, la mayoría de las cuales pertenecían a la familia real. Al sur, un edificio albergaba la barca solar, descubierta a principios de la década de 1950, reconstruida (estaba hecha pedazos) y perfectamente conservada. Esta bella embarcación estaba destinada a permitir al rey realizar viajes celestes al más allá. Se expondrá en el GEM.

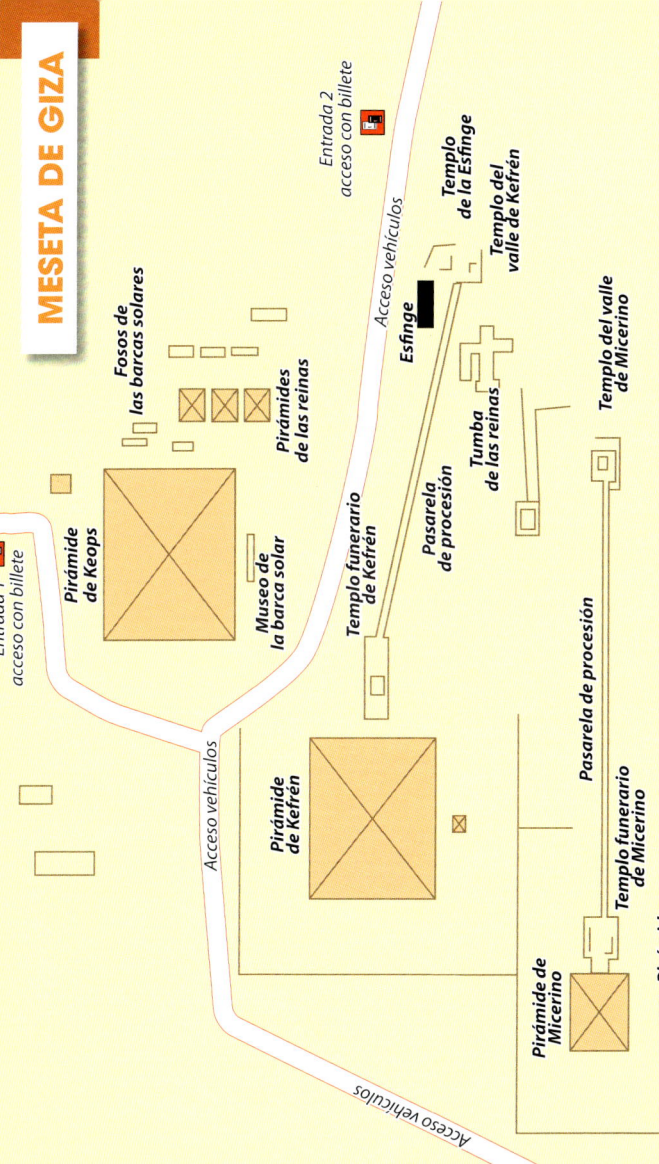

MESETA DE GIZA

Entrada 1
acceso con billete

Entrada 2
acceso con billete

Acceso vehículos

Acceso vehículos

Acceso vehículos

Fosos de
las barcas solares

Pirámide
de Keops

Museo de
la barca solar

Pirámides
de las reinas

Templo funerario
de Kefrén

Pasarela
de procesión

Esfinge

Templo
de la Esfinge

Templo del
valle de Kefrén

Templo
de la Esfinge

Pirámide
de Kefrén

Tumba
de las reinas

Templo del valle
de Micerino

Pasarela de procesión

Templo funerario
de Micerino

Pirámide
de Micerino

Pirámide
de las reinas

■ PIRÁMIDE DE MICERINO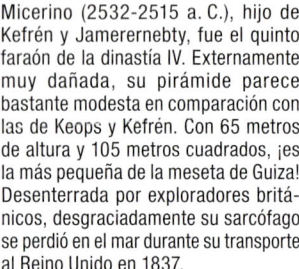

Micerino (2532-2515 a. C.), hijo de Kefrén y Jamerernebty, fue el quinto faraón de la dinastía IV. Externamente muy dañada, su pirámide parece bastante modesta en comparación con las de Keops y Kefrén. Con 65 metros de altura y 105 metros cuadrados, ¡es la más pequeña de la meseta de Guiza! Desenterrada por exploradores británicos, desgraciadamente su sarcófago se perdió en el mar durante su transporte al Reino Unido en 1837.

▶ **Templos funerarios.** El interés de esta pirámide reside sobre todo en su complejo funerario, mejor conservado que los de Keops y Kefrén y formado por dos templos unidos por un largo corredor. El templo cercano a la pirámide albergaba las ofrendas alimentarias para los servicios diarios realizados por los sacerdotes en el marco del culto al rey. El segundo templo, construido en el valle, contenía una serie de estatuas del rey acompañado por la diosa Hathor y otra deidad que personificaban diferentes regiones del reino. Estas tríadas de Micerino, que lo representan como un rey atlético y eternamente joven, están expuestas en el Museo de El Cairo. Estudios detallados de estos monumentos funerarios han demostrado que se construyeron en dos fases: se iniciaron con Micerino y se completaron bajo su sucesor. Esto da credibilidad a la teoría de que el rey murió prematuramente antes de que su tumba estuviera completamente terminada.

En el lado sur, las tres pequeñas pirámides satélites pertenecieron probablemente a las reinas de Micerino. Cada una tiene su pequeño templo de culto.

■ ESFINGE

Símbolo universal del enigma existencial, la Esfinge sigue siendo uno de los misterios más fascinantes del antiguo Egipto. Para los antiguos egipcios, era «la viva imagen del faraón». 4500 años después de su construcción, apenas ha dejado rastro de los orígenes de su construcción. Tallada directamente en la roca, este monumento es un monobloque de piedra caliza. Por primera vez, el rostro de un rey (Kefrén) se colocó sobre el cuerpo de un león, símbolo de la fuerza y dios solar. Esta criatura no solo revolucionó la iconografía egipcia, sino que también transformó la tradición de los mausoleos egipcios, amplificando su influencia.

Durante su larga historia, la Esfinge ha sido restaurada y demolida varias veces. Una estela colocada entre sus patas atribuye a Tutmosis IV la construcción de un muro para protegerla de la arena. Junto a la erosión natural, fueron sobre todo los mamelucos quienes la sometieron a los peores ultrajes, llegando incluso a arrancarle la nariz durante un ejercicio de tiro de cañón. A mediados de la década de 1920 se sacó definitivamente de la arena. Su longitud total es de 57 metros y su altura, desde la parte frontal, ronda los veinte. Pero su roca, esculpida sobre una capa freática, está ahora en peligro. Esto se debe a que la sal sube a la superficie, debilitando la piedra, y la lucha por salvarla ya ha comenzado. Probablemente no estará solo frente a esta magnífica esfinge, pero tómese su tiempo para disfrutar de este monumento único

MENFIS

Muy cerca de Saqqara se encuentra el emplazamiento de una de las capitales más prestigiosas de la historia. Puede aprovechar la excursión para echarle una visita rápida. Antaño rica en templos y palacios, Menfis sufrió un revés de fortuna. La ciudad fue abandonada poco a poco por sus habitantes en favor de Fustat, antes de sufrir el saqueo sistemático de sus yacimientos. Como habían hecho con muchos otros monumentos antiguos, los egipcios de la Edad Media utilizaron los materiales de estos edificios para construir otros. Sin mantenimiento, los diques que protegían los monumentos de las crecidas del Nilo acabaron cediendo, lo que provocó el drenaje de gruesas capas de sedimentos que cubrieron los últimos restos. Junto a una impresionante mesa de alabastro, donde se embalsamaban los toros sagrados de Apis, y una magnífica esfinge de casi ocho metros de largo, es el coloso de Ramsés II el que merece especialmente la pena ver. Esculpida en un bloque muy fino de piedra caliza, la estatua completa (le faltan algunas patas) mide trece metros.

SAQQARA

A veintiocho kilómetros de El Cairo, al sur de la meseta de Guiza. En 2018, el ministro de Antigüedades anunció el descubrimiento de siete nuevas tumbas en la zona del borde pedregoso del complejo piramidal del faraón Userkaf, en la necrópolis de Saqqara. La misión descubrió tres tumbas del Imperio Nuevo que habían sido utilizadas al final del periodo como necrópolis de gatos, así como otras cuatro tumbas del Imperio Antiguo, la más importante de las cuales pertenecía a Jufu-Imhat, el supervisor de los edificios del palacio real. Esta tumba puede datarse a finales de la V y principios de la dinastía VI. También se han descu-

bierto docenas de momias de gatos, junto con cien estatuas de madera gatunas y una estatua de bronce dedicada a Bastet, la diosa de estos felinos. También se ha hallado un gran número de relieves y bloques de piedra decorados, así como partes de puertas falsas, junto con dos bloques que representan parte del dintel de la tumba de Ankh Mahur, uno de los visires del Imperio Antiguo. Los nuevos hallazgos serán procesados y expuestos en el Gran Museo Egipcio de Guiza.

◼ COMPLEJO FUNERARIO DE ZOSER

La pirámide escalonada es el edificio más importante del complejo y el antecesor de todas las pirámides de este complejo funerario. Aunque no resulte evidente a primera vista, se alza en el centro de una enorme explanada rectangular, rodeada por un muro de 544 por 277 metros de fina piedra caliza parcialmente destruida. Se ha reconstruido una sección de esta muralla a partir de los numerosos restos hallados en la arena. Originalmente tenía unos diez metros de altura y, en toda su longitud, estaba magníficamente trabajada y encajada. La única entrada (todas las demás son simulacros tallados en la piedra) da a un estrecho callejón, antaño cubierto con un techo de losas, sostenido por cuarenta columnas fasciculadas, veinte para el Bajo Egipto, y otras veinte para el Alto Egipto. Esta enorme estructura fue diseñada y construida por Imhotep, visir y arquitecto del faraón Zoser, elevado al rango de dios de la medicina por los griegos. Zoser quería que su tumba fuera visible desde lejos e Imhotep la construyó de acuerdo con la arquitectura de la época, aunque sustituyó el ladrillo por piedra para mejor preservación.

VISITA

De sesenta metros de altura (su base es un falso cuadrado de 110 por 120 metros), es el resultado de sucesivas ampliaciones y añadidos. Originalmente tenía forma de mastaba cuadrada de 63 metros de lado y 8 de altura, pero sus proporciones se modificaron varias veces y se remató con tres gradas. Más tarde se añadieron dos niveles más, dando al complejo el aspecto de pirámide de seis escalones que conocemos hoy en día. Este complejo funerario ocupaba una superficie de unas quince hectáreas, el tamaño de una gran ciudad de la época.

▶ **En la esquina noreste del edificio** se localiza el *serdab*, una pequeña celda que alberga la estatua del difunto. Dos agujeros circulares en el *serdab* permiten a los visitantes contemplar una copia exacta del busto del faraón Zoser (el original está expuesto en el Museo de El Cairo). Detrás se encuentra la entrada a la tumba real, inaccesible al público. Esta tumba tiene veintiocho metros de profundidad.

▶ **En la parte sureste,** los edificios anexos han sido parcialmente restaurados. Aunque no tengan un interés extraordinario, son de gran calidad en cuanto a montaje y ornamentación. En el extremo sur del complejo funerario, un pozo de 28 metros de profundidad y 7 de ancho oculta una tumba más pequeña, de forma idéntica a la de Zoser, utilizada para almacenar los vasos canopos que contenían las vísceras del rey.

■ **MASTABA DE TI**
Está considerada una de las obras maestras del arte del bajorrelieve. Si solo tuviera que visitar una mastaba, debería ser esta. Las inscripciones grabadas en las paredes demuestran que Ti era una figura muy destacada en la corte del rey.

Ocupaba el cargo de director de peluquería de la Gran Casa, lo que le convertía en alguien cercano al soberano. El *serdab* ya no alberga su estatua original, que se conserva en el Museo de El Cairo. Frente al *serdab,* la capilla principal presenta una maravillosa y delicada composición de juncos y papiros.

DASHUR

Dashur se encuentra a diez kilómetros al sur de Saqqara. Para llegar, hay que tomar un taxi, que se puede alquilar en El Cairo. Dashur alberga la pirámide romboidal, la más espectacular de todas (se puede pasear a su alrededor, pero no se puede visitar), y la pirámide roja. Estas dos son de gran importancia en la construcción de pirámides, ya que su elaboración permitió la transición de una pirámide escalonada a una de caras lisas, como la de Guiza. Hay otras pirámides en el yacimiento, datadas de las dinastías XVII y XIII, pero no todas están en buen estado, inacabadas o muy dañadas.

■ **PIRÁMIDE ROJA**
La pirámide Roja representa el primer intento exitoso de construir una pirámide de cara lisa. Atribuida a Esnofru, de la dinastía IV, su nombre se inspira en el color de su revestimiento. Se asciende hasta una altura de veintiocho metros por una escalera antes de entrar en un estrecho barranco, al que se accede doblado por la mitad. El descenso hasta el corazón de la pirámide es impresionante, pero mejor que se abstengan los claustrofóbicos. Una vez en el destino, hay dos cámaras funerarias de techos altos. Con 100 metros de altura y 200 de ancho, se considera la primera pirámide de Egipto.

OASIS DE FAYUM

MEDINET AL-FAYUM

A 110 km de El Cairo, la mayor ciudad de la región de Fayum acoge a casi un millón de habitantes. Sus calles están invadidas de camiones, autobuses y motos estruendosas, que echan humo, pitan y hacen malabarismos con la vida de los peatones como si fueran bolos.

Es un poco salvaje como primer contacto, pero el ir y venir del centro de la ciudad tiene un efecto tranquilizador. El campo no está lejos, justo a las puertas de la ciudad.

Viniendo de El Cairo, es casi seguro que llegará en autobús o taxi compartido. Hay una oficina de turismo, un banco, un hotel y un restaurante.

La ciudad está separada del pueblo pesquero de Shakshuk por unos veinte kilómetros.

■ PUEBLO DE TÚNEZ

Este pueblecito en lo alto de una colina, con sus vistas en picado sobre el lago, es una joya poco conocida para los turistas que visitan Egipto. Sin embargo, es uno de los lugares más agradables del país. En los años 1980, Evelyne Porret, artista y especialista en alfarería, se instaló aquí y construyó su casa y un taller de cerámica. Sus alumnos siguieron desarrollando este oficio, que ha dado fama al pueblo. Muchos de ellos han abierto sus propios talleres y tiendas de cerámica, que se encuentran fácilmente al pasear por las estrechas calles de tierra.

VISITA

© EMILY_M_WILSON – ISTOCKPHOTO.COM

Parque Nacional de Wadi El-Hitan.

PARQUE NACIONAL DE UADI AL-HITAN

Solamente accesible en todoterreno, se encuentra a unas dos horas de Fayum. A unos cuarenta kilómetros de Uadi Rayan, el valle de las Ballenas le hará retroceder varios millones de años. Paisaje desértico, acantilados moldeados por el viento, conchas que crujen bajo los pies, el resto del camino se hace a pie.

El encuentro con estos esqueletos de cetáceos, algunos de más de veinte metros, es inolvidable. ¿Qué ocurrió para que todas estas ballenas estén *enterradas* en este lugar? ¿Un desastre ecológico, un suicidio colectivo? Las opiniones de los especialistas difieren. El paseo es sorprendente y mágico para los simples curiosos.

RESERVA NATURAL DEL LAGO QARUN

Originalmente, era una vasta extensión de agua que se fue secando poco a poco por razones que aún no están claras: colapso geológico, infiltración, fuerte evaporación debida al calentamiento climático, etc.

En época faraónica, su nivel descendió tanto que Ammenemhat I (2110 a. C.) emprendió obras de irrigación y drenaje que permitieron que el agua subiera hasta el nivel que conocemos hoy. La historia de Fayum (*Pa-Yuum* en copto significa «el lago, el mar») está obviamente ligada a la de su lago, en cuyas orillas había muchos cocodrilos. Por ello, sus habitantes adoraban al dios cocodrilo Sobek (los griegos dieron más tarde el nombre de Cocodrilópolis a la actual Medinat al-Fayum). Región rica y poblada desde la más remota antigüedad, alcanzó su apogeo durante el periodo ptolemaico, sirviendo de lugar de veraneo a los notables de Menfis y abasteciendo al reino de cereales, frutas, verduras y pescado seco.

Con la llegada de los árabes, a los que los habitantes opusieron una feroz resistencia, Fayum sufrió una grave recesión, debida sobre todo a la destrucción de gran parte del sistema de regadío. Hubo que esperar hasta los años 1950 para que se rehabilitaran los recursos de la región (con éxito, como verá), sin que por ello se consiguiera recuperar lo que el desierto había ganado a las tierras antaño fértiles.

En conjunto, el lago Qarun es poco profundo, con una media de entre cuatro y seis metros, y algunos «estanques» de unos diez metros. Se extiende de orilla a orilla a lo largo de 42 kilómetros, y su punto más ancho no supera los nueve kilómetros.

La salinidad de sus aguas varía mucho de un punto a otro, por lo que no es apto para el riego.

De hecho, a medida que nos acercamos a él, la vegetación pierde su exuberancia y da paso a llanuras desérticas y sombrías, siendo la orilla norte un vasto desierto. Seguramente le ofrecerán un paseo por el lago, en barca o en un pequeño velero.

Es una excelente oportunidad para darse un baño, evitando las orillas, a menudo embarradas. Podrá admirar los contrastes paisajísticos de esta región: por un lado, todas las tonalidades de verde de la abundante vegetación; por otro, la cruda y viva aridez de los amarillos del desierto.

RESERVA NATURAL DE UADI RAYAN

Esta depresión está formada por una sucesión de estanques de diversos tamaños, unidos entre sí por pequeñas cascadas muy agradables. Situada en el suroeste de Fayum, la reserva abarca 1792 km^2 e incluye el lago superior, el lago inferior, las cascadas que los unen y manantiales naturales. Uadi Rayan existe como reserva natural desde 1989 con el fin de proteger la fauna y flora de la zona, que incluye gacelas blancas, zorros del desierto, reptiles y numerosas aves migratorias. Se ha convertido en un lugar popular para bañarse. Recomendado para los amantes de los pícnics junto al agua.

RUTA DEL DESIERTO

VISITA

CIUDAD DEL SEIS DE OCTUBRE

La construcción de la ciudad del Seis de Octubre empezó en 1979 para satisfacer las necesidades urgentes de la expansión demográfica de la capital. La población se trazó en línea recta, extendiéndose quince kilómetros al oeste de la meseta de Guiza y a treinta del centro de El Cairo. Inicialmente ciudad dormitorio, ha desarrollado una vida propia independiente de El Cairo, como Heliópolis, Medinat Nasr y Maadi en su día. Desde la guerra de Siria, parte de su población está formada por sirios de clase media que han huido del país y carecen de recursos para viajar a Europa o América. Se puede llegar en taxi o autobús desde El Cairo.

UADI NATRUN

Pequeño valle del desierto occidental, 100 km al norte de El Cairo, Uadi Natrun ha servido de refugio a los cristianos egipcios desde los primeros siglos de nuestra era. Reprimidos por las autoridades de Bizancio y luego por los poderes musulmanes de El Cairo, los coptos recurrieron a menudo al exilio para preservar su fe. Al principio vivían como ermitaños antes de organizarse en comunidades. En el siglo IV se establecieron cerca de cincuenta monasterios en Uadi Natrun, una de las tres únicas regiones de Egipto donde existe el monacato. Hoy solo quedan cuatro, habitados aún por monjes. Situados un poco alejados de la carretera del desierto (Alejandría-El Cairo), los monasterios de Uadi Natrun constituyen una interesante parada en su viaje entre ambas ciudades. Le brindarán la oportunidad de captar una dimensión particular del cristianismo en Egipto.

La primera carretera a la izquierda conduce a San Macario, que no debe perderse. Para llegar a los demás monasterios, hay que tomar la carretera principal en dirección a Alejandría durante unos diez kilómetros. Lo ideal es ir en coche. Los conventos se pueden visitar, siempre que no se interrumpa la vida monástica. Por ello, es imprescindible informarse antes de partir. El valle del Uadi Natrun también es conocido por su serie de pequeños lagos: secos durante una parte del año, estos producen natrón, que se utiliza en diversas industrias de El Cairo.

VALLE DEL NILO

DE MENIA A QENA

Es el Egipto Medio, que incluye la parte del antiguo Alto Egipto comprendida entre Beni Suef y Qena. Esta extensa región, que durante muchos años estuvo marcada por la amenaza terrorista y luego por las manifestaciones de los partidarios de los Hermanos Musulmanes, vuelve a ser accesible. Sin embargo, se aconseja no adentrarse demasiado en zonas rurales y decantarse por los yacimientos arqueológicos. La policía turística está presente en la región y aquí, como en todo Egipto, vela por la seguridad de los turistas durante su estancia.

MENIA ⭐

Apodada desde hace mucho tiempo por los egipcios como «Arussa el-Said» (la prometida de Said), la ciudad se encuentra a unos 250 kilómetros al sur de El Cairo. Si tiene previsto visitar los yacimientos de Beni Hassan, Tuna el-Gebel y Tell el-Amarna, es una parada agradable y relajante. Recibirá una calurosa acogida por parte de la población local, que incluye una gran mayoría de coptos. Menia atraerá a todos aquellos que, al tiempo que se interesan por los monumentos faraónicos, también aprecian la vida estudiantil y las hermosas casas coloniales en ruinas con sus jardines repletos de buganvillas y gatos callejeros. Para ellos, Menia será una agradable sorpresa.

BENI HASSAN

Situado en la orilla derecha del Nilo, a unos veinte kilómetros al sur de la ciudad de Menia, el pequeño pueblo de Beni Hassan alberga un conjunto de tumbas principescas que datan de alrededor del año 2500 a. C. Consta de treinta y nueve tumbas excavadas en la parte superior de una árida roca, cuyo relieve, color y vistas al Nilo la convierten en uno de los yacimientos más bellos de Egipto. Cerca de allí, el yacimiento de Antinoópolis, construido sobre el emplazamiento de la amante del emperador Adriano, alberga una serie de tumbas principescas que datan del Imperio Medio. La posición de la ciudad, en un recodo del Nilo, es majestuosa.

TUNA EL-GEBEL

La antigua necrópolis de Hermópolis se encuentra a unos veinte kilómetros al suroeste de Beni Hassan. Capital del 15.º nomo del Alto Egipto, la ciudad fue conocida por primera vez con el nombre egipcio de Jnum.
En ella se veneraba al dios de la Luna, Thot, representado en forma de babuino o ibis. Tras un periodo de decadencia, la ciudad, bajo el nombre de Hermópolis, vivió un segundo periodo de esplendor durante el reinado de los Ptolomeos. Tras abandonar la carretera principal, se atraviesa una fértil campiña surcada por numerosos canales de riego, que

ofrecen el espectáculo cotidiano de la vida en los campos. A cinco kilómetros del yacimiento, destaca un hermoso cementerio musulmán con su *qubba*.

ASIUT

A 250 kilómetros al norte de Luxor. La población copta de Asiut creció rápidamente tras una aparición de la Virgen María (reconocida solo por la Iglesia ortodoxa copta). Como consecuencia, Asiut es una parada esencial en la peregrinación copta tras las huellas de la Sagrada Familia. También es la ciudad más grande del Alto Egipto, con la tercera universidad del país en número de estudiantes. Las poblaciones faraónicas la llamaron Siut, y fue la capital antes de perder su título en favor de Tebas en el Imperio Nuevo. Uno de sus mayores tesoros es la necrópolis de Asiut, situada al oeste de la ciudad.

AJMIN

Es imposible no visitar esta ciudad, famosa por sus fábricas de tejidos de algodón y seda. Los materiales de tejido y la elección de los diseños son de una calidad innegable, sobre todo para el mobiliario. Pero Ajmin es también, para los amantes de la historia antigua, una peregrinación a la ciudad de Min, el dios itifálico (es decir, con los genitales erectos) que sin duda habrá visto en un bajorrelieve de un templo como Karnak, por ejemplo. La ciudad se llamaba originalmente Jem Min, y más tarde pasó a llamarse Panópolis bajo los griegos. Ocupó un lugar importante como capital del noveno nomo del Alto Egipto.

ABIDOS

A 155 km de Luxor. Según la tradición, fue aquí donde se encontró la cabeza de

Necrópolis de Tuna el-Gebel.

Osiris después de que su hermano Set lo asesinara, descuartizara y arrojara al Nilo. Abidos se convirtió así en un importante lugar de peregrinación y sepultura. Las excavaciones realizadas desde finales del siglo pasado han confirmado la antigüedad del lugar, descubriendo las tumbas reales de las dos primeras dinastías, incluida la de Menes, así como una estatuilla del rey Keops, la única que se conoce. Abidos suele visitarse al mismo tiempo que Dendera, como parte de una excursión de un día desde Luxor. Ya no hay convoyes de protección, pero la policía vigila de cerca en los numerosos puestos de control.

■ OSIRIÓN-CENOTAFIO

El cenotafio de Osirión es un curioso edificio, construido en consonancia con la capilla central de Amón Ra en el templo de Seti I, y enterrado bajo tierra. Se accedía a él a través de un corredor de unos cien metros de longitud, opuesto a la vista actual del yacimiento.

VISITA

En la actualidad, se accede al templo a través de un largo pasillo en suave pendiente, cuyas paredes están cubiertas con textos del «Libro de las Puertas» y del «Libro de las Cavernas». Un cenotafio no estaba destinado a contener un cuerpo, sino una tumba simbólica para las almas, por lo que esta era la tumba espiritual de Osirión. Se diseñó como una isla, cuyo plano se repite en *El secreto de la Gran Pirámide* cuando Blake y Mortimer llegan a la cámara secreta.

▸ **El vestíbulo** daba acceso a un foso lleno de agua rodeado de diecisiete nichos. En la isla simbólica, cubierta por un techo sostenido por diez pilares macizos, el arquitecto había excavado la ubicación ficticia del sarcófago de Osiris, así como la de los frascos canopos que contenían las vísceras del dios. Cruzando de nuevo el foso lleno de agua, se llega al cenotafio de Seti I. Los temas representados en las paredes son una muestra de respeto a Horus, la reconstitución del cuerpo divino y la transmisión del poder real de Osirión a Horus y, por tanto, al faraón. Si lo desea, puede bajar hasta allí, siempre que el nivel del agua lo permita. La última sala, conocida como el «sarcófago», tiene un techo astronómico con una representación de la diosa Nut.

■ **TEMPLO DE RAMSÉS II** ⭐⭐⭐
Al oeste del recinto, a unos trescientos metros al norte del de su padre Seti I, Ramsés II mandó construir un pequeño templo compuesto por un patio, dos salas hipóstilas y capillas laterales. En el pilono, el rey hizo representar su victoria en la batalla de Qadesh. A pesar de la pérdida de las partes superiores de sus muros, las inferiores muestran una notable decoración. Su arquitectura es clásica y su disposición sigue la de los templos funerarios tebanos. En 2023 se descubrieron dos mil cabezas de carnero momificadas de época ptolemaica.

■ **TEMPLO DE SETI I (TEMPLO DE MILLONES DE AÑOS)** ⭐⭐⭐
El templo principal de Abidos fue construido por Seti I (1318-1304 a. C.) y remodelado y completado por su hijo, Ramsés II, que terminó la mayor parte de los bajorrelieves decorativos. Mucho antes que ellos, otros monarcas construyeron templos a Osiris en el mismo emplazamiento. Junto con el cenotafio de Osirión, forman parte de un complejo coherente dedicado al culto de Osiris, delimitado por muros de adobe y al que se accede a través de un pilón principal al noreste o uno secundario al suroeste, que ahora da al desierto.

▸ **Primer pilón y primer patio, segundo pilón y segundo patio**. De estos dos primeros patios no queda nada, aparte de los cimientos arquitectónicos. Al final del segundo patio se encuentra el primer pórtico, precedido por doce columnas cuadradas. En este pórtico hay dos aberturas y cinco nichos; de hecho, Seti I hizo abrir siete puertas y Ramsés II hizo rellenar las cinco que conducían a las capillas interiores.

▸ **Primera y segunda salas hipóstilas, capillas**. Veinticuatro columnas sostienen el techo de la primera sala, que se abre a la segunda a través de siete puertas. 36 columnas sostienen el techo de la segunda sala hipóstila, antigua área de ofrendas, dividida en dos niveles; el segundo alberga siete capillas dispuestas una al lado de la otra. La capilla central es más ancha que las demás y estaba dedicada a Amón; a su izquierda, la capilla de Ra, Ptah y después la del monarca; a su derecha, las capillas de Osiris, que da acceso a otras salas que se extienden a lo ancho del templo, Isis y Horus.

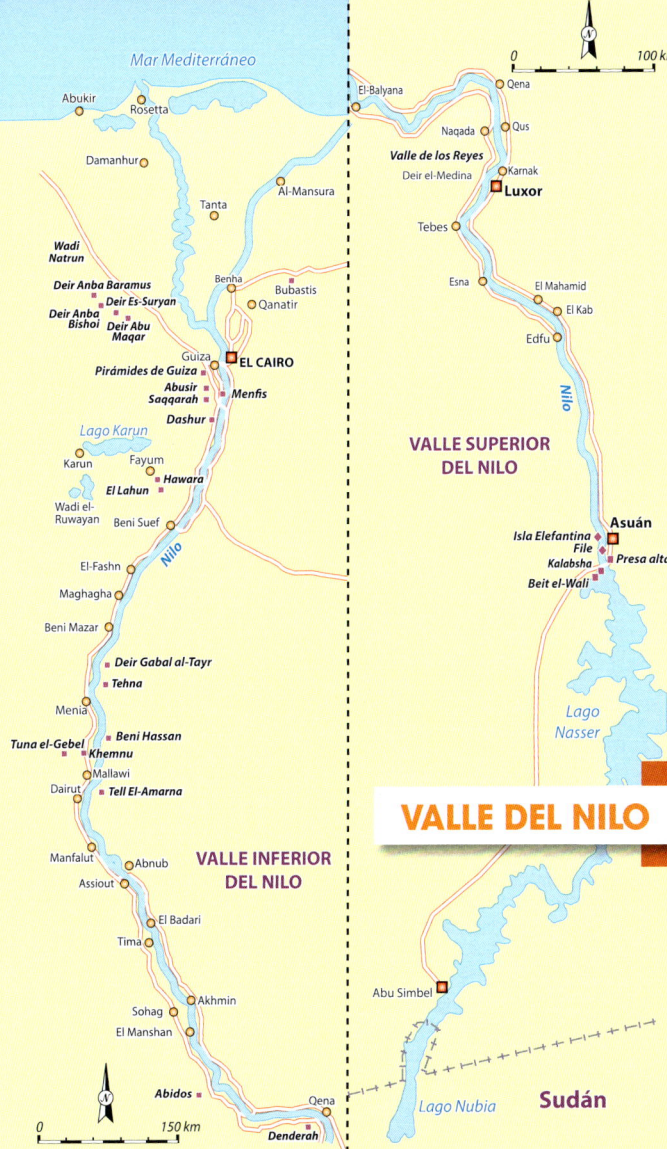

VALLE DEL NILO

Mar Mediterráneo

Abukir
Rosetta
Damanhur
El-Balyana
Qena
Naqada
Qus
Tanta
Al-Mansura
Valle de los Reyes
Deir el-Medina
Karnak
Luxor
Tebes
Wadi Natrun
Deir Anba Baramus
Deir Es-Suryan
Benha
Bubastis
Deir Anba Bishoi
Deir Abu Maqar
Qanatir
Esna
El Mahamid
El Kab
Edfu
Guiza
EL CAIRO
Pirámides de Guiza
Abusir
Saqqarah
Menfis
Dashur
Nilo
Lago Karun
Karun
Fayum
Wadi el-Ruwayan
El Lahun
Hawara
Beni Suef
VALLE SUPERIOR DEL NILO
El-Fashn
Maghagha
Beni Mazar
Isla Elefantina
File
Asuán
Kalabsha
Presa alta
Beit el-Wali
Deir Gabal al-Tayr
Tehna
Menia
Tuna el-Gebel
Beni Hassan
Khemnu
Mallawi
Dairut
Tell El-Amarna
Lago Nasser
Manfalut
Abnub
VALLE INFERIOR DEL NILO
Assiout
El Badari
Tima
Akhmin
Sohag
El Manshan
Abidos
Qena
Denderah
Abu Simbel
Lago Nubia
Sudán

0   100 km

0   150 km

▶ **Salas «logísticas».** Dos puertas de la segunda sala hipóstila conducen a dos habitaciones utilizadas para almacenar las cortezas sagradas, cinco salas que contienen el tesoro y un grupo de cinco salas utilizadas como matadero sagrado; obsérvese las tinajas selladas en el suelo y los canales excavados para facilitar el drenaje de la sangre. Una escalera conduce al exterior del templo, donde un promontorio da acceso al cenotafio de Osirión.

▶ **En Abidos siempre se han celebrado festivales osiríacos,** en los que se representa el enfrentamiento entre los dos hermanos Set y Osiris, la búsqueda por Isis de las partes del cuerpo de su hermano y esposo, y la reconstitución este. Algunos visitantes de Abidos siguen rindiendo culto a Osiris en la actualidad.

DENDERA ⭐⭐⭐

Desde Luxor, deberá contratar un taxi para llegar o disponer de vehículo propio. Se puede salir a partir de las seis de la mañana y regresar a Luxor antes de las seis de la tarde; ya no hay convoyes protegidos por la policía, sino puestos de control. La ciudad de Dendera, actualmente un simple pueblo, fue antaño la capital del 6.º nomo del Alto Egipto. Hathor, la diosa patrona a la que está dedicado el templo, era comparada por los griegos con Afrodita, la diosa del amor y la belleza. Hathor suele representarse en forma humana, con la cabeza adornada con dos cuernos que enmarcan el disco solar, o con la cabeza de una vaca.

■ TEMPLO DE HATHOR ⭐⭐⭐
Dendera
Al igual que su vecina Abidos, se levanta en un emplazamiento en el que se dice

que Jufu construyó un templo en el año 2600 a. C. Sin embargo, las similitudes terminan ahí, ya que Dendera no tiene el aspecto monumental del templo de Seti I, ni la calidad de sus bajorrelieves. Fue construido en el siglo I a. C. Su construcción duró más de un siglo, hasta bien entrados los primeros años de la era cristiana.

▶ **Un recinto de adobe** delimita el recinto del templo, donde vivió una numerosa comunidad copta hasta el siglo VI. Al entrar, a la derecha, se observa un edificio bastante bien conservado, el Mammisi, cuyos frescos representan el nacimiento y la infancia de Horus. A su lado se encuentran los restos de una **iglesia copta** del siglo V, de la que quedan pocos vestigios, y un poco más allá, un complejo de adobe bastante deteriorado que albergaba un balneario médico. Siguiendo el templo, siempre a la derecha, se encuentra el emplazamiento del lago sagrado, que se ha secado y del que surgen algunas palmeras, y justo detrás del templo principal, un pequeño edificio, en parte en ruinas, dedicado a Isis. Aquí se pueden admirar algunos bellos bajorrelieves.

▶ **Tanto en la entrada del templo principal** como en el interior, las columnas que sostienen el tejado llevan la efigie de Hathor. Desgraciadamente, están dañadas. Los techos están cubiertos de escenas astronómicas en las que no le costará reconocer a Nut, la diosa del cielo. Como favor especial, los guardas le permitirán bajar a una de las catorce criptas.

Estas últimas, profusamente decoradas, se utilizaban para guardar objetos altamente sagrados, como las vestiduras de la diosa, que servían para adornar las estatuas durante las ceremonias.

▶ **El patio,** precedido por un pilón en ruinas, conduce a una **sala hipóstila** que contiene dieciocho columnas monumentales. Una puerta conduce a la Sala de Fiestas o de la Apariencia, sostenida por seis columnas, que se abre a la Sala de las Ofrendas, en su prolongación, luego a la Sala de la Enéada y, por último, a la capilla, también llamada **«Asiento de los Venerables»**. El sitio está rodeado por un «corredor misterioso» que da servicio a numerosas capillas y salas logísticas.

▶ **Una escalera conduce a la terraza.** Los bajorrelieves de las paredes representan una procesión religiosa. En el de la izquierda, se observa que las figuras se dirigen todas hacia arriba, mientras que en el de la derecha, todos bajan. El famoso **zodiaco**, cuyo original se encuentra en el Louvre, está en una pequeña sala que da a la terraza.

VISITA

LUXOR

Luxor es la ciudad por la que podría haberse inventado la palabra «mito», pues su evocación suscita pasiones entre los amantes de Egipto. La ciudad ha sido mil veces relatada por sus antiguos visitantes, entre ellos el emperador Adriano, que vino a escuchar el canto de Memnón; los exploradores occidentales de la Edad Media y el Renacimiento, amantes del esoterismo y el polvo de momias; los científicos de Bonaparte y los creadores de la egiptología moderna, inventores y ladrones de tumbas; y los cada vez más numerosos turistas a los que ha picado el gusanillo de la egiptomanía. Tebas, Luxor... Muchos mitos.

Fue bajo los gobernantes de la dinastía XI, establecida por Antef I en el siglo XXII, cuando la ciudad de Tebas, de la que procede esta dinastía, capital del IV nomo del Alto Egipto conocido como *uaset* (es decir, *cetro*), creció en importancia. El rey Montuhotep II completó la reunificación de los dos países entre el 2030 y el 2020 a. C., tras unos treinta años de guerra. Fue el comienzo del Imperio Medio. El país se reestructuró y organizó administrativamente, y Tebas desarrolló su influencia, que desapareció durante un tiempo cuando el país se separó de las dinastías XV y XVI de los hicsos (entre 1650 y 1540 a. C.), a los que Kamose, también de Tebas, derrotó. El Imperio Nuevo, que comenzó con la dinastía XVIII, se quedó en Tebas, la capital, desde donde se actuó hacia Nubia. Fue el periodo de las construcciones de Amenhotep I, los Tutmosis y Hatshepsut, grandes constructores de Tebas. Cuando Amenhotep IV desarrolló su nuevo culto y adoptó el nombre de Ajenatón, abandonó Tebas por Amarna, pero su hijo Tutankamón reinó sobre Tebas. A partir de la dinastía XIX, los ramésidas permanecieron en Tebas, haciéndola aún más grandiosa bajo Seti I y Ramsés II, así como durante la dinastía XX bajo Ramsés III. Con la dinastía XXI, Tebas perdió su estatus de capital en favor de Tanis, en el Bajo Egipto, hacia 1069. Cuando uno lee el panteón egipcio y los templos construidos para sus dioses, se da cuenta de que nunca ha habido una ciudad más grande en la historia del país que Tebas.

Fue aquí donde el faraón gestionó la reunificación de Egipto y el desarrollo de su administración, permaneció durante las horas oscuras y creó una nueva religión, combinando el mito cosmogónico de Ra con los grandes dioses del Nilo y la tríada elefantina, pero creando su propia tríada tebana dominada por Amón, un dios bastante oscuro hasta entonces. Nada era suficientemente bello para el culto a los dioses que daban al faraón su poder, y los templos y obeliscos subían cada vez más hacia Horus, «Ra en su cenit». Más modestos, los palacios reales son de tierra, y las refinadas tumbas están ocultas en la arena.

El mito de Luxor envuelve al visitante cuando la evocación de los dioses ocupa su lugar en el ritmo cotidiano de quien solo había venido a ver piedras ensambladas en pilones o columnas. A la manera del faraón, sucesor de Osiris, ya no pensamos en el sol, sino en Ra cuando se pone en la montaña tebana; ya no en un carnero que pasta tranquilamente la hierba, sino en Amón el Sabio; ya no en una vaca que dormita bajo un sicomoro, sino en Hathor que vigila; ya no en un perro salvaje en medio de un cementerio, sino en Anubis con su bella presencia; ya no en el Nilo tranquilo, sino en Hapy que administra su caudal. Esta es la magia de Luxor, pues solo aquí el panteón egipcio toma forma y deja su huella en los visitantes.

Además de los majestuosos templos y las tumbas reales, los visitantes también quedarán encantados con las tumbas de los valles de los Nobles y los Artesanos, con su estilo más libre que revela detalles de la vida cotidiana. Poco o nada queda de los edificios destinados a los vivos, ni siquiera de los del poderoso faraón o sus sacerdotes. Las artes y técnicas necesarias para construir las maravillosas estructuras que han resistido el paso del tiempo estaban destinadas a honrar a las almas y a los dioses. Para los mortales, adobe; para Amón y los dioses, piedra caliza y, sobre todo, el granito rosa de Asuán. Nuestro conocimiento de la vida en la época procede de los frescos y objetos encontrados en las tumbas.

En los alrededores, hay que detenerse un rato en la verde campiña: palmas con las ramas dobladas por el peso de los dátiles, pequeños canales fangosos que riegan campos de caña de azúcar, burros pelados que cargan sacos de pienso... El paisaje parece ser hoy el mismo en el que vivían a diario estas gentes campesinas. Para los visitantes de Luxor, la rutina diaria consiste en mantener alejados a los «mercaderes del templo» que, con su insistencia en vender y ofrecer de todo, pueden estropear la paz y la tranquilidad que se ha venido a buscar. Es divertido, pero los embaucadores, los cocheros, los taxistas, los conductores de falúas y los niños pueden poner a prueba su paciencia. Lo mejor es responder con una sonrisa cansada y no iniciar una discusión interminable.

■ DAHABIYA NILE SAILING

✆ +20 114 007 1712
www.dahabiyanilesailing.com
info@dahabiyanilesailing.com
La agencia local Dahabiya Nile Sailing está especializada en la organización de cruceros en *dahabiya* por el Nilo. Los programas que ofrece Samir están pensados para hacerle descubrir los tesoros de Egipto como lo hacían los viajeros del pasado, en un magnífico

© CALI – ICONOTEC

VISITA

Cochero en las calles de Luxor.

velero y con un grupo reducido de personas. La agencia forma parte del grupo Real Egypt, especializado en viajes a medida por Egipto y que ofrece fechas de salida garantizadas durante todo el año. Su equipo de guías y asesores cualificados le ayudará a organizar el viaje de sus sueños.

■ MUSEO DE LA MOMIFICACIÓN ⭐

Cornisa del Nilo
Frente al Museo de Arte Egipcio.
✆ +20 95 237 00 62
Este hermoso y bien distribuido museo presenta paso a paso el arte de la momificación. Junto con el Museo de Luxor y después del Museo Egipcio de El Cairo, es uno de los más importantes de Egipto. Inaugurado en 1997, explica el proceso de momificación, que dura setenta días. Durante su visita, descubrirá las curiosidades de este rito ancestral, como el origen estelar de los instrumentos y la exclusión social que sufrían los trabajadores. También expone una momia humana y animales momificados.

■ MUSEO LUXOR (MUSEO DE ARTE EGIPCIO ANTIGUO) ⭐⭐

Situada en la cornisa que conduce a Karnak, en un edificio moderno, alberga una pequeña pero espléndida colección de piezas de rara calidad. La distribución interior, realizada por un equipo del Museo Brooklyn de Nueva York, es todo un acierto: la escenografía es clara y está perfectamente organizada.

▶ **En el vestíbulo**, obras de la dinastía XVIII: una cabeza colosal de Amenhotep III en granito rojo procedente de Asuán; los rasgos de esta cabeza son especialmente redondeados, lo que confiere al conjunto un aire amable al rey. Estatua de Amón en piedra caliza; el dios principal de la tríada tebana está represetado bajo los tríadas del rey Tutankamón, cuya juventud y vigor son evidentes. Cabeza de Hathor en madera ennegrecida realzada con cuernos de cobre dorado; esta cabeza formaba parte del tesoro de la tumba del rey Tutankamón, la mayoría de cuyas obras se conservan en el Museo Egipcio de El Cairo.

▶ **Sala del «escondite»** (planta baja): obras encontradas juntas en la corte de Amenhotep III, con la estatua monumental de Amenhotep III en granito rojo; una conmovedora composición que magnifica la juventud y la belleza del sonriente rey.

▶ **Gran Sala** (planta baja): mayoría de obras de la dinastía XVIII. Bajorrelieve pintado de Tutmosis III en piedra caliza y pigmentos; la frescura de los colores de este relieve es sorprendente y da una imagen fiel de cómo eran las paredes coloreadas de los templos. Estatua del dios Sobek y del rey Amenhotep III; es raro ver representado al dios Sobek, de la tríada de Kom Ombo, y la puesta en escena de la estatua inspira a la vez temor y respeto. Cabeza colosal de Sesostris III (dinastía XII) en granito rojo; un buen ejemplo de la estatuaria egipcia, que a veces representaba a sus gobernantes sin barniz, cansados y marcados por la edad, como hace esta cabeza.

▶ **Sala nueva** (planta baja): Momia de Ahmosis, fundador de la dinastía XVIII, originario de Tebas; y momia de Ramsés I, de regreso tras un largo viaje.

▶ **Gran Sala – muro de Talatat** (primera planta): este muro, construido por Ajenatón, había sido destruido y las piedras reutilizadas para el noveno pilono de Karnak. Ahora reconstruido, representa cuatro escenas de la vida doméstica, el trabajo en los talleres, la procesión ritual y el culto al sol. La sala alberga una vitrina con otros objetos hallados en la tumba de

Tutankamón, entre ellos las conmovedoras rosetas de oro que decoraban la hoja de su sarcófago, además de cabezas monumentales de Ajenatón.

■ **TEMPLO DE KARNAK** ★ ★ ★ ★

Jean-François Champollion escribió: «Por fin fui al palacio, o más bien a la ciudad de los monumentos, en Karnak. Allí vi toda la magnificencia faraónica, todo lo más grande que el hombre ha imaginado y ejecutado (...) todo lo que había admirado con tanto entusiasmo en la orilla izquierda me parecía miserable comparado con las gigantescas concepciones de las que estaba rodeado (...). Baste decir que en Europa no somos más que liliputienses, y que ningún pueblo, antiguo o moderno, ha concebido el arte de la arquitectura a una escala tan sublime, amplia y grandiosa como los antiguos egipcios»

Sus dimensiones (alrededor de 1,5 km de largo y 700 m de ancho) y la maraña de sus edificios hacen que parezca más una ciudad que un templo. El mayor complejo religioso del mundo, estaba emplazado en un lugar sagrado, la colina sagrada, a partir de la cual, según los antiguos egipcios, se construyó el mundo. Varios fueron los faraones que quisieron construir aquí templos a su imagen y semejanza, de manera que se amplió muchas veces. Recientemente se ha intentado restablecer la relación entre el primer pilono y la montaña tebana; se han talado los árboles y en su lugar se ha colocado un inmenso pavimento de granito pulido...

Karnak en su conjunto, vasto, denso y tupido, no puede entenderse con un simple vistazo. Necesitaríamos más páginas de las que tiene esta guía para abarcarla entera. Por ello, aconsejamos a los interesados que recurran a los servicios de un guía cualificado. En cuanto a los demás, deben dejar que su mirada se detenga en estas innumerables maravillas según sus gustos, sin intentar verlo y comprenderlo todo, ya que es imposible en unas pocas horas.

▶ **El templo se compone de varias partes** bien diferenciadas: Montu (en ruinas) al norte, Mut al sur y, entre ambos, el gran templo de Amón, por mucho la parte más interesante.

▶ **Frente al primer pilono,** precedido de esfinges, se encontraba el embarcadero original, del que se conservan dos rampas de acceso. Este primer pilón, que nunca llegó a completarse, fue una de las últimas estructuras construidas en Karnak. Todos los pilonos que encontrará en su camino fueron, en un momento u otro, los límites exteriores del complejo, que se ampliaba constantemente.
En el patio principal, a la izquierda, se encuentra el pequeño templo de Seti II, dedicado a la tríada Amón-Mut-Jonsu, que en la época de su construcción se encontraba fuera del recinto. A la derecha está el templo de Ramsés III, con unos bajorrelieves muy realistas en las paredes.

▶ **Una vez pasado el segundo pilono, nos espera una gran sorpresa:** aparece un bosque de ciento treinta y cuatro columnas. Se trata de una obra titánica, iniciada bajo Amenhotep III. Este faraón se encargó de levantar las doce columnas de la nave central (de 23 m de altura y con capiteles en los que cabían más de cuarenta personas de pie). Los reyes sucesivos, Seti I y Ramsés II en particular, completaron el hermoso edificio. Originalmente, el vestíbulo (102 x 53 m) tenía techo.

▶ **Entre el tercero y cuarto pilono** se encuentra el patio de Amenhotep III. Solo

queda en pie uno de los cuatro obeliscos que había. Si gira a la derecha, entrará en un patio conocido como el «escondite», donde se encontraron increíbles cantidades de estatuillas de piedra y bronce (más de diez mil en total), quelos sacerdotes habían depositado allí. Era impensable destruir una representación de un dios o de su hijo, el faraón. El siguiente patio contiene la base de un obelisco de 3,20 m de lado (el obelisco de Hatshepsut mide *solo* 2,60 m). A la izquierda, sobre un fondo de gradas utilizadas para el espectáculo de luz y sonido, se ven las aguas verdosas del lago sagrado donde tenían lugar las navegaciones rituales. Es inevitable detenerse ante el gran escarabajo tallado en el granito, dedicado al dios Atum-Jepri.

▶ **Más allá del cuarto pilono**, un obelisco erigido por la reina Hatshepsut se eleva 30 m por encima de los edificios circundantes. Originalmente eran dos, con la parte superior recubierta de oro.

▶ **Más allá del sexto y último pilono,** un pequeño patio da acceso al santuario, precedido por dos imponentes pilares de granito rosa decorados con los emblemas del Bajo y el Alto Egipto.

▶ **El santuario,** también de granito, se construyó bastante tarde, bajo el reinado de Filipo Arrhidaios (323). Se utilizaba como lugar de descanso para las barcas sagradas. El siguiente patio (antiguo emplazamiento del santuario original, del que no queda nada) conduce a la sala de fiestas de Tutmosis III. Transformada en iglesia por los cristianos, uno de sus pocos pilares conserva restos de pinturas antiguas. La más famosa de las salas del sol es la conocida como «jardín botánico» por sus representaciones de flores y animales exóticos.

▶ **Adyacente al recinto norte se encuentra el pequeño templo de Ptah** construido por Tutmosis III, uno de cuyos tres santuarios alberga una estatua de granito negro de Sejmet.

■ TEMPLO DE LUXOR ★★★

Todo listo para descubrir un magnífico templo que no debe perderse bajo ninguna circunstancia. La mayor parte de la estructura actual del templo de Luxor data del reinado de Amenhotep III (1400 a. C.) y Ramsés II (1235 a. C.). Está dedicado principalmente a Amón, pero también a Mut, su esposa, y a Jonsu, su hijo. Este templo estaba muy concurrido durante las festividades de Opet. Las tres cortezas sagradas de Amón, Mut y Jonsu, almacenadas durante todo el año en su santuario de Karnak, salían del templo a hombros de los sacerdotes ante el júbilo general.
Una callejuela de 3 km, llamada dromos, bordeada de esfinges, algunas de las cuales aún son visibles, une de nuevo Luxor con Karnak.

▶ **Frente al primer pilono** construido por Ramsés, solo queda un obelisco. Muhammad Alí ofreció ambos a Francia en 1831, pero solo uno fue transportado a París y, desde entonces, está entronizado en la plaza de la Concordia.

▶ **Una vez pasado el primer pilón,** a la derecha, descubrirá una capilla con tres cámaras, utilizadas como lugares de descanso para las cortezas de Amón, Mut y Jonsu. Construida por Tutmosis III, esta capilla representa una ruptura en el paralelismo de las columnas del patio. A la izquierda, dominando el lugar, observará la inusual ubicación de una pequeña mezquita construida en el siglo XIII, en una época en la que las ruinas de Luxor aún estaban enterradas bajo la arena. Más tarde se habló de trasladarla, pero ya no parece estar en los planes. El patio, construido durante el reinado de Ramsés II, está adornado con imponentes estatuas suyas. Se abre a un impresionante callejón bordeado de columnas tras las que se pueden ver escenas procesionales de la fiesta de Opet. Los bajorrelieves datan de Tutankamón y Horemheb. El siguiente patio, el de Amenhotep III, está rodeado de columnas y en su día estuvo cubierto por un techo de una amplitud difícil de imaginar. El depósito frente al santuario fue reconstruido bajo Alejandro Magno. Los bajorrelieves lo representan en compañía de Amón, lo que demuestra claramente la importancia que seguía teniendo este dios a principios del periodo griego. Intente programar su visita para el final del día o al atardecer, es grandioso. Toda iluminada, destaca sobre el fondo negruzco que la noche ha tendido sobre la ciudad. ¡Es mágico!

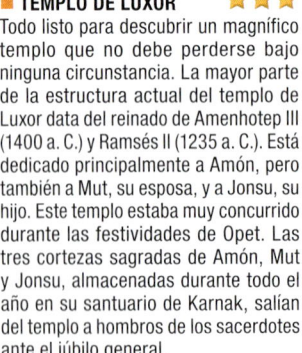

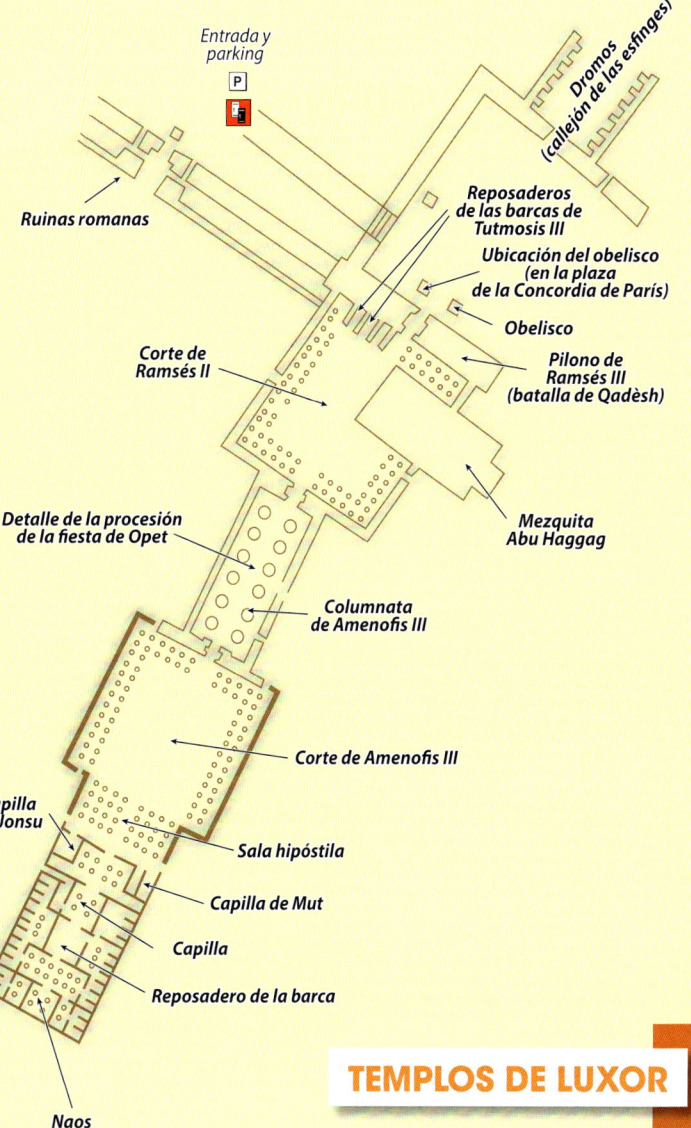

Entrada y parking

Ruinas romanas

Dromos (callejón de las esfinges)

Reposaderos de las barcas de Tutmosis III

Ubicación del obelisco (en la plaza de la Concordia de París)

Obelisco

Corte de Ramsés II

Pilono de Ramsés III (batalla de Qadèsh)

Detalle de la procesión de la fiesta de Opet

Mezquita Abu Haggag

Columnata de Amenofis III

Corte de Amenofis III

pilla Jonsu

Sala hipóstila

Capilla de Mut

Capilla

Reposadero de la barca

Naos

TEMPLOS DE LUXOR

GURNA – OESTE DE TEBAS ★★★★★

La orilla oeste de Tebas se desarrolló más tarde que la propia ciudad. La dinastía XI Antef construyó poco más que un pequeño templo en la ladera de la montaña, y no fue hasta Hatshepsut y la dinastía XVIII cuando se crearon los templos funerarios y el valle de los Reyes. Después de la reina, fueron los grandes constructores como Amenhotep III, Seti I, Ramsés II y Ramsés III quienes legaron sus templos a la posteridad. La orilla oeste de Tebas dejó de utilizarse después de la dinastía XIX. La aldea de Gurna, que se había extendido por allí, existía desde tiempos inmemoriales: ¿no se llamaba entonces la «aldea de los artesanos», los mismos cuyas tumbas pueden visitarse hoy en el valle epónimo? Durante siglos, se construyeron algunas casas dispersas a lo largo de la orilla oeste del Nilo, pero fue más recientemente la construcción de canales y las excavaciones arqueológicas, seguidas de una afluencia de turistas, lo que trajo la presencia humana a esta orilla, donde antes solo había ruinas de hace miles de años... El pueblo de Gurna, con el desarrollo del turismo, se había expandido, probablemente demasiado, y las casas situadas en el emplazamiento del valle de los Nobles, junto al templo de Seti I, y en otros lugares, estorbaban. Los habitantes fueron desalojados y trasladados un poco más río abajo, a la ciudad de Nueva Gurna, por la que se pasa al salir del transbordador público. Solo a los trabajadores del alabastro se les permitió mantener sus tiendas *in situ*. Las pocas casas derruidas que pueden verse encaramadas en la propia necrópolis son los

últimos vestigios de la «Vieja Gurna». Gurna es también la aldea de Hassan Fathi, construida en adobe en el estilo que el visionario arquitecto quiso infundir a la ribera, pero —pues ningún hombre es profeta en su tierra— el hormigón se ha impuesto. Del sueño de Hassan Fathi solo quedan la mezquita, el teatro y la escuela, al norte de la carretera principal que conduce a los colosos de Amenhotep III. Gurna es también el banco que eligen los estetas cuando viven en Luxor. Desde hace unos quince años, las casas tradicionales se han convertido en casas de huéspedes, mientras que del desierto ha surgido Al Moudira, el palacio más bello de Egipto, con sus cúpulas de ladrillo y plantas donde Memnón sigue cantando, ideal para detenerse, disfrutar y alojarse.

■ COLOSOS DE MEMNÓN ★★

Si se toma la carretera que conduce a Gurna, se ven dos pilares que, al acercarse, resultan ser dos estatuas gigantescas, los restos más grandes del templo funerario construido para Amenhotep III en la orilla izquierda. Originalmente talladas en un solo bloque, se alzan sobre un zócalo de unos veinte metros de altura y representan a Amenhotep III en posición sentada, con las manos sobre las rodillas, la posición de la paz. Su madre y su esposa aparecen en figuras más pequeñas a sus pies. Originalmente adornaban la entrada del enorme templo funerario del rey. No queda nada del templo, lo que explica su insólita presencia en medio de un cañaveral, a pesar de que era gigantesco y se extendía 700 m hasta los pies de la montaña tebana. Sacudida por un terremoto a principios de la era cristiana, la estatua norte comenzó a emitir un sonido debido, al parecer, al calentamiento de la piedra expuesta al sol, un silbido que los griegos atribuyeron a Memnón, el mítico rey de Etiopía, hijo de Aurora, que inspiró numerosas peregrinaciones y dio su nombre al lugar. Durante dos siglos, hasta que Septimio Severo hizo restaurar la estatua, privándola de su sonido distintivo, los colosos de Memnón fueron una importante atracción turística. Entre sus famosos visitantes se encontraba el emperador Adriano, a quien Marguerite Yourcenar imagina descansando a la sombra de la estatua en *Memorias de Adriano*. Todavía se realizan excavaciones en el yacimiento, a la sombra de los colosos por así decirlo.

■ RAMESSEUM ★ ★
El templo funerario de Ramsés II, originalmente una espléndida estructura diseñada para recordar a sus descen-

dientes la gloria y el prestigio de su reinado, está ahora bastante deteriorado pero sigue siendo imponente.

El viajero medio interesado en la arqueología verá casi tanto desde el exterior como entrando en el recinto, con lo que se ahorrará un buen dinero. Las fachadas de los dos pilonos, algunas de las cuales han sido destruidas, representan las hazañas bélicas del faraón contra los hititas. Cada año, de octubre a enero, el equipo de conservación del Ramesseum reanuda sus trabajos de excavación y restauración. Puede participar en la salvaguardia del yacimiento comprando un folleto de excavación, cuyos beneficios se destinan a la asociación encargada de la promoción del yacimiento.

▶ **En el primer patio entre ellos,** la parte superior de una colosal estatua de granito rosa de Ramsés II yace en el suelo. Con su pedestal, debía de medir unos 18 m y su peso se estima en al menos mil toneladas.

Tumba de Ramsés II en el valle de los Reyes.

La gran sala hipóstila conserva 29 columnas (de las 48 originales) que sostienen fragmentos del techo. Le siguen dos cámaras, la primera de las cuales conserva un techo decorado con escenas astronómicas. Las tiendas de ladrillo situadas detrás del templo (claramente visibles desde el montículo junto a la carretera) se utilizaban como almacenes. Son los únicos vestigios visibles de las grandes dependencias que rodeaban el Ramesseum. Para Marguerite Yourcenar, era el templo más romántico de Tebas.

■ **TEMPLO DE RAMSÉS III (MEDINET HABU)**   ⭐⭐⭐

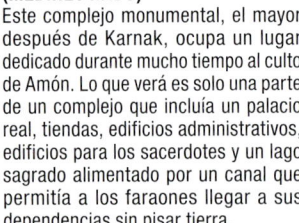

Este complejo monumental, el mayor después de Karnak, ocupa un lugar dedicado durante mucho tiempo al culto de Amón. Lo que verá es solo una parte de un complejo que incluía un palacio real, tiendas, edificios administrativos, edificios para los sacerdotes y un lago sagrado alimentado por un canal que permitía a los faraones llegar a sus dependencias sin pisar tierra.

El conjunto formaba una ciudad, verdadera prolongación de Luxor en la otra orilla, y se extendía hasta el suroeste del templo. El recinto de adobe, que data de Ramsés III, albergó una importante comunidad cristiana hasta principios del siglo IX. Esta comunidad construyó una iglesia en el segundo patio del Gran Templo, hoy desaparecida.

Se accede al complejo por una puerta monumental flanqueada por dos torres. Inmediatamente a la izquierda hay un pequeño templo que comprende dos capillas funerarias para los adoradores divinos de Amón. A la derecha, se encuentra el pequeño templo de Tutmosis, cuya construcción se remonta

a Amenhotep I por el santuario, y a Tutmosis I, II y III por las seis cámaras de la parte posterior.

Pero es sobre todo el primer pilono del gran templo el que llama la atención, a pesar de la destrucción parcial de sus partes superiores. En su fachada se reconoce al rey, a quien Amón tiende una espada mientras se prepara para acabar con los prisioneros. El primer patio está bordeado por siete pilares osiríes que representan a Ramsés III. La pared izquierda, protegida por un pórtico, estaba flanqueada por un balcón desde el que el rey podía asistir a ceremonias y procesiones sin salir de su palacio.

Una rampa conduce al pie del segundo pilono, dando acceso al segundo patio. Tomando como modelo el Ramesseum, Ramsés III dotó a su templo del mismo aspecto macizo e imponente que dio gloria al de Ramsés II. Este patio está bordeado en sus cuatro lados por pórticos sostenidos por columnas. Hay muchos restos de pinturas exquisitamente coloreadas.

En el pilono de la derecha, de vuelta al primer patio, verá un montón de manos y también de sexos cortados. ¡En aquellos tiempos no iban en broma! La siguiente sala estaba sostenida por veinticuatro columnas, de las que solo queda la base. Hace falta mucha imaginación para imaginarse el lugar en su estado original. El resto del templo se ha deteriorado mucho. En los laterales, varias salas destinadas a diversos usos presentan interesantes bajorrelieves.

■ **TEMPLO DE HATSHEPSUT**

Más que su arquitectura, le sorprenderá su ubicación al pie de un vertiginoso acantilado calcáreo. Extremadamente ruinoso cuando Auguste Mariette comenzó a despejarlo, todavía hoy se está restaurando.

El templo de Hatshepsut, originalmente rodeado de jardines colgantes con estanques, fue construido por el arquitecto Senmut durante el reinado de la reina Hatshepsut (1490-1468 a. C.). Se accedía a él por un callejón bordeado de esfinges. A la muerte de la reina, su sucesor, Tutmosis III, que hasta entonces se había mantenido al margen del poder, mandó arrancar a martillazos la mayoría de los bajorrelieves que representan a Hatshepsut. En la época de Amenhotep IV y su herejía, así como durante la era cristiana, el templo de Hatshepsut fue objeto de nuevos abusos antes de ser transformado en monasterio. A ambos lados de las rampas que conducen a las terrazas superiores hay magníficos bajorrelieves, siendo los más bellos los del nivel intermedio. Representan la expedición marítima organizada por Hatshepsut a la tierra de Punt, actualmente conocida como Somalia y Etiopía, de la que se trajeron animales y una gran variedad de riquezas.

▶ **Al final del pórtico, a la izquierda,** hay una pequeña capilla dedicada a la diosa Hathor, a la que no le costará reconocer como ornamento de los capiteles gracias a sus adornos de vaca. En la pared de la derecha, los soldados marchan en filas ordenadas, cada uno portando un arma diferente: lanza, aturdidor, hacha, etc. Cerca de allí, los remeros compiten. La siguiente sala, que durante mucho tiempo estuvo vedada a los visitantes, está ahora abierta, por lo que se pueden ver los colores que aún adornan las paredes.

▶ **A la derecha,** hay una capilla de Anubis, esculpida con espléndidos bajorrelieves cuyos colores están absolutamente intactos. El techo, pintado de un intenso azul y tachonado de estrellas amarillas, es admirable.

▶ **La tercera terraza,** cuya restauración finalizó en 2002, presenta una columnata de pilares osiríacos con la efigie de Hatshepsut, cuya alineación de sonrisas heladas es sublime. En el interior, una antigua sala hipóstila, ahora sin techo, se abre a varios oratorios, entre ellos el situado a la izquierda de Tutmosis I, padre de la soberana.

A la izquierda del templo de Hatshepsut, casi completamente en ruinas y claramente visible desde lo alto del acantilado, se encuentran los restos del templo de Mentuhotep I, construido seis siglos antes, y detrás, en un estado similar, el templo de Tutmosis III.

VALLE DE LOS REYES ★★★★

Ahora solo accesible por carretera, la vista desde aquí arriba es excepcional. El valle sirvió de necrópolis real desde principios de la dinastía XVIII (el primer faraón enterrado allí fue Tutmosis I) hasta finales de la dinastía XX.

El valle de los Reyes es la última evolución en el estilo de las tumbas reales del antiguo Egipto, unos mil años después de las pirámides. Su nombre en jeroglíficos significa «gran y majestuosa necrópolis de los millones de años de los faraones».

Durante cuatro siglos de duro trabajo, obreros de todas las clases sociales transportaron, desenterraron, excavaron y pulieron miles de toneladas de piedra y escombros con el único objetivo de proporcionar a los reyes un lugar de enterramiento acorde con su poder. La magnitud de la tarea superaba nuestra comprensión, sobre todo teniendo en cuenta los recursos técnicos disponibles en la época (herramientas, iluminación) y las condiciones de trabajo (calor, polvo). El descubrimiento de la tumba de Tutankamón por Howard Carter en 1922 permitió al mundo maravillarse ante el mobiliario funerario. Originalmente, cada tumba real estaba equipada con uno. El rasgo característico de la tumba real tebana, en comparación con su homóloga menfita, sigue siendo la separación radical de la tumba de su capilla. La estructura de la tumba sigue siendo globalmente la misma, a excepción de las de la primera «generación» (Tutmosis I, Tutmosis III, etc.), con ángulos casi rectos. Una vez atravesada la puerta, una escalera, generalmente muy empinada, conduce por tres pasillos sucesivos, algunos de ellos bordeados de hornacinas, a una o varias salas, la última de las cuales alberga el sarcófago. Los textos, grabados o pintados, agrupados bajo el título de *Libro de los Muertos,* se supone que proporcionan al difunto las claves para el más allá. Algunos de estos conjuros, como las letanías del sol, permiten al rey identificarse con Ra gracias a su detallada descripción, y le proporcionan descripciones del mundo de los muertos (*Libro de las Puertas*). Además de los textos funerarios, las salas que albergan el sarcófago suelen presentar representaciones del difunto en compañía de Osiris o de otros dioses, así como escenas astronómicas en los techos. De las sesenta y dos tumbas de la necrópolis, solo una decena presentan un interés real. Elija la que más le guste, pero tenga cuidado con los cierres inesperados que se producen a menudo.

■ **TUMBA DE RAMSÉS III**
Esta tumba mide 188 metros de largo y fue construida para el faraón Ramsés III, perteneciente a la dinastía XX. Reinó durante treinta y un años. El misterio de su muerte ha desconcertado durante mucho tiempo a los investigadores, ya que siempre luchó contra la corrupción y los invasores de los pueblos del mar... Pero recientemente, en 2012, se descubrió que fue asesinado por una conspiración fomentada por varios miembros de su harén, entre ellos su tercera esposa Tiyi. El sucesor del faraón debería haber sido el hijo de su primera esposa, no el de Tiyi, Pentaur. Por tanto, el golpe de Estado tenía como objetivo eliminar a Ramsés III para evitar que el futuro Ramsés IV, que entonces tenía 45 años, subiera al trono...

Sin embargo, fue él quien construyó el espléndido templo conocido como Medinat Abu. Cuatro corredores conducen a la cámara funeraria. Al final del segundo corredor, los arquitectos se toparon con una tumba anterior, la de Amenmés, y tuvieron que cambiar su trayectoria en paralelo para el tercer corredor. Esta tumba impresionó al arqueólogo escocés que la descubrió a finales del siglo XVIII, sobre todo por sus representaciones de arpistas, que le dieron el sobrenombre actual de «Tumba de las Arpistas». El sarcófago de granito del rey Ramsés III se conserva en el Louvre. Su momia también fue hallada en 1881 en el escondite de Deir al Bahari, donde los sacerdotes la habían ocultado por temor al creciente saqueo de los campesinos locales. Actualmente se expone en El Cairo.

■ TUMBA DE RAMSÉS IX ⭐⭐

Con 105 m de profundidad, la tumba se construyó para los restos del faraón Ramsés IX, penúltimo gobernante de la dinastía XX. Tres pasillos conducen al vestíbulo, que precede a la cámara funeraria. Esta tumba es famosa por sus decoraciones tomadas de varios libros rituales. Destaca el techo astrológico del primer pasillo. La diosa Nut recorre los tres pasillos seguidos, reconocible por su estrella de cinco puntas. El sarcófago ha desaparecido. La momia, escondida en Deir al Bahari, fue hallada en 1881 y actualmente se expone en El Cairo.

Valle de los Reyes.

■ TUMBA DE SETI I ⭐⭐

La tumba del segundo rey de la dinastía XX, Seti I, a quien debemos algunos de los altorrelieves más bellos del arte egipcio, tiene un tamaño respetable: 137 metros de profundidad. Su tumba es igual que los demás monumentos erigidos durante su reinado. Tras una serie de tres pasillos, una sala con seis pilares adorna una tumba con paredes abundantemente decoradas. La cámara funeraria tiene un suntuoso techo astrológico inspirado en el libro del más allá, el Amduat. El sarcófago de alabastro se encuentra actualmente en el Museo Sir John Soane de Londres.

■ TUMBA DE TUTMOSIS III ⭐⭐

Con 76 m de profundidad, al igual que la de su hijo Amenhotep II, esta tumba se excavó en la pared del acantilado. Diseñada según el mismo modelo, la tumba del padre está menos decorada que la del hijo. La cámara funeraria presenta una serie de grafitos que representan las divinidades completas del *Libro del Amduat* (¡740!), que debieron preceder a la obra del pintor. Es la tumba más antigua del valle. Su cámara funeraria se caracteriza por su forma de cartucho. Aún se conserva su sarcófago de cuarcita roja, magníficamente decorado.

■ TUMBA DE TUTANKAMÓN ⭐

Esta magnífica pero pequeña tumba solo mide treinta metros de largo y tiene tres cámaras. Contenía tres mil piezas del mobiliario funerario del difunto. Tutankamón fue colocado allí apresuradamente ante la sorpresa de su muerte y solo está representada la cámara funeraria. Los doce babuinos representados proceden del *Libro del Amduat* y simbolizan cada una de las doce horas del viaje al más allá. Casi todo el tesoro se expondrá en el GEM de El Cairo, pero el sarcófago de cuarcita roja y la momia siguen *in situ*.

VALLE DE LAS REINAS

La mayoría de las setenta y cinco tumbas de esta necrópolis se encuentran en mal estado de conservación y son de escaso interés. En su día, este valle albergó a las esposas reales, así como a miembros de la familia, en particular príncipes y princesas. Solo unas pocas tumbas están abiertas. La más famosa (muy cara y sujeta a un cupo de visitantes) es la de Nefertari (n.º 66), pero también está la de la reina Tiy (n.º 52), bastante bien conservada, y la de Amenherjepeshef, uno de los hijos de Ramsés III. En la sala de la parte posterior del sarcófago, una vitrina muestra la pequeña momia de un feto de unos cinco meses.

 TUMBA DE NEFERTARI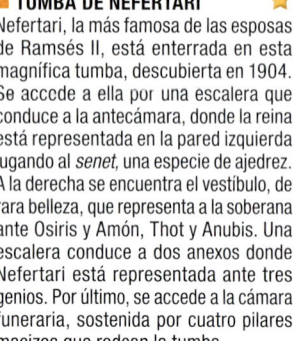

Nefertari, la más famosa de las esposas de Ramsés II, está enterrada en esta magnífica tumba, descubierta en 1904. Se accede a ella por una escalera que conduce a la antecámara, donde la reina está representada en la pared izquierda jugando al *senet*, una especie de ajedrez. A la derecha se encuentra el vestíbulo, de rara belleza, que representa a la soberana ante Osiris y Amón, Thot y Anubis. Una escalera conduce a dos anexos donde Nefertari está representada ante tres genios. Por último, se accede a la cámara funeraria, sostenida por cuatro pilares macizos que rodean la tumba.

TUMBAS DE LOS NOBLES

Las tumbas agrupadas bajo esta denominación albergaban a altos funcionarios tebanos, casi todos de la dinastía XIII. La necrópolis, contándolas todas, contiene alrededor de cuatrocientas cincuenta tumbas, por lo que parece un queso Gruyère vista desde lejos, ya que la mayoría de ellas solo permanecen en forma de vestigios o escombros. Afortunadamente, las que visitará, están maravillosamente conservadas. Agrupadas en un perímetro de unos seiscientos metros, son fáciles de encontrar. Aún no gozan del éxito de masas del valle de los Reyes, y quizás se omiten deliberadamente de las visitas en grupo porque su modesto tamaño haría insostenible cualquier aglomeración.

■ **TUMBA DE AMENEMOPE**

Nacido en el seno de una familia prestigiosa, fue Tercer Profeta de Amón durante la dinastía XX. Su gran sepultura está bastante mal conservada y ha perdido la mayor parte de su decoración, pero la primera sala sigue siendo de interés. En la roca están talladas unas grandes estatuas que representan al difunto. Realzadas por el blanco de las paredes, las decoraciones murales que se han conservado, que representan escenas de banquetes y miembros de la influyente familia de Amenemope, o a Amenemope siendo presentado a Osiris, son de una calidad excepcional.

■ **TUMBA DE BENIA**

Funcionario de la guardería real, tesorero jefe y supervisor de obras públicas durante el reinado de Tutmosis III. La tumba de Benia es pequeña y bastante sencilla, con forma de T clásica. En varias escenas, Benia aparece delante de mesas en las que se amontonan ofrendas. También se representa la ceremonia ritual de apertura de la boca. En un nicho al fondo de la tumba hay estatuas talladas directamente en la pared rocosa, que representan al difunto sentado rodeado de sus familiares.

■ TUMBA DE TUTMOSIS ⭐⭐

Un pasadizo a través de la tumba de Nefersejeru conduce a la de Dhutmosi, que se encuentra en mal estado. Pero, por suerte, los techos de estas dos tumbas están muy bien conservados. Se pueden contemplar techos bellamente coloreados. Cada uno presenta uno o varios motivos centrales, que adoptan formas geométricas. Se repiten cinco motivos diferentes, tres de los cuales se encuentran en la sala principal. Los motivos así pintados están separados entre sí por tiras de color y, en el caso del techo principal, por tiras de texto.

■ TUMBA DE JAEMHAT ⭐⭐

Jaemhat fue escriba real e inspector de los graneros reales durante el reinado de Amenhotep III, cuyo reinado de 38 años estuvo marcado por la paz, la riqueza y el poder. Su tumba, muy ornamentada, muestra escenas rurales y representaciones religiosas, como el sacrificio de gansos. Entre los bajorrelieves que adornan las paredes de su tumba hay varias representaciones de la diosa agraria Renenutet, bajo la apariencia de una mujer con cabeza de serpiente que amamanta a su hijo. Jaemhat se preocupó mucho de que esta diosa velara por su última morada.

■ TUMBA DE JONSU ⭐⭐

Esta tumba pertenecía a un funcionario llamado Jonsu, nombre teofórico inspirado en el del dios-hijo de la tríada tebana (Amón-Mut-Jonsu). También se le llamó To, el primer profeta de Tutmosis III, durante el reinado de Ramsés II. Precedida por un patio, la tumba presenta una planta clásica en forma de T invertida. Entre

las numerosas pinturas, la mayoría representa el culto al dios Montu y a Tutmosis III, pero también hay escenas del difunto y su familia adorando al dios Ra, así como escenas funerarias. Patos en vuelo adornan el techo.

■ TUMBA DE MENNA ⭐⭐

Una de las tumbas más bellas del sitio. Alto funcionario, Menna fue escriba del Señor de las dos tierras bajo el reinado de Tutmosis IV. Su tumba está decorada con escenas rurales de gran realismo. Algunas de estas escenas se han reproducido en libros de arte. Por ejemplo, vemos a un deudor apaleado por los hombres del escriba, o a un niño pequeño que lleva un antílope a hombros, de un realismo conmovedor, al igual que el gato que birla huevos de un nido. Las estatuas de Menna y su esposa Henuttauy aún pueden verse al fondo de esta sala.

■ TUMBA DE NAJT ⭐⭐

Escriba y astrónomo de Amón bajo Tutmosis IV, octavo faraón de la dinastía XVIII. La primera cámara se ha convertido en una especie de pequeño museo. Hay escenas de arado y caza de patos en matorrales de papiro, así como de hombres, descalzos en la cuba, pisando uvas. Estas escenas se inspiraron en las propiedades que Najt poseía en el delta del Nilo. La estatua del difunto es una copia; en cuanto a la original, yace en el fondo del océano Atlántico, hundida el barco que lo transportaba a Estados Unidos.

■ TUMBA DE NEFERSEJERU ⭐⭐

La pequeña tumba de Nefersejeru, escriba de ofrendas divinas y funcionario del tesoro durante el reinado de Ramsés II, es bastante similar a su vecina. Es concebible que Nefersejeru sucediera a su vecino Neferrenpet.

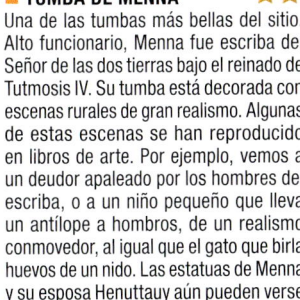

VISITA

A pesar de su pequeño tamaño, representa un conjunto típico de la época. Está muy completo y sus pinturas conservan colores vivos. Los techos están finamente decorados con variados motivos geométricos de colores muy bien conservados. El monumento consta de dos complejos subterráneos distintos.

■ TUMBA DE NEFERRENPET ⭐⭐

Durante el reinado de Ramsés II, Nefferrenpet o Kenro era el escriba jefe del Tesoro del dominio de Amón-Ra, uno de los cargos más altos de la época. La tumba está decorada con refinadas pinturas. La esposa del difunto, Mutemwia, está presente a su lado. Las escenas son esencialmente religiosas: alabanzas y adoración a los dioses, un cortejo fúnebre, pero también hay escenas menos formales que representan a Neferrenpet supervisando el trabajo realizado por los hombres de la tesorería. Los bellos techos de esta tumba están adornados con elaborados motivos.

■ TUMBA DE USERHAT ⭐⭐

Userhat fue escriba real bajo Amenhotep II, y su tumba presenta las escenas habituales. Su tumba está situada al pie de la colina de Qurna, una posición que reflejaba su estatus social. Este monumento representa uno de los puntos culminantes del arte funerario de la época, con sus dos famosas escenas, la de los barberos y la de la carrera de carros. Ambas escenas se han utilizado en numerosas obras sobre el antiguo Egipto. La tumba estuvo abierta al público durante muchos años, y sigue estándolo hoy en día, aunque de forma intermitente.

■ TUMBA DE RAMOSE ⭐⭐

Una de las tumbas más bellas. Visir bajo Amenhotep IV, que más tarde se convirtió

en Akenatón, su tumba no se completó. 32 columnas sostienen el techo del vestíbulo, y otras ocho siguen en pie en la sala que conduce a la capilla del difunto. Los bajorrelieves esculpidos impresionan por su delicadeza; obsérvese el cabello y el contorno de los ojos. Al fondo hay una representación de Akenatón, su esposa Nefertiti y sus hijos presentando una ofrenda a Atón; las uvas del dios único se han roto para que su bendición ya no beneficie al faraón hereje.

■ TUMBA DE REJMIRA ⭐⭐

La bellísima tumba del visir de Tutmosis III expresa, a través de sus motivos decorativos, el poder y la fuerza del funcionario ascendido a una alta distinción. En la pared frontal, al entrar a la izquierda, hay representaciones de varias tribus que pagan tributo en señal de sumisión (sirios, sudaneses, etíopes, etc.), incluidos animales exóticos como panteras, jirafas y monos. En las paredes de la estrecha capilla, escenas de gran precisión muestran a Rejmira supervisando a sus obreros, así como un banquete funerario en el que se dan un festín unos sonrientes comensales.

■ TUMBA DE SENNEFER ⭐⭐

Sennefer fue príncipe y administrador de los jardines del templo de Amón durante el reinado de Amenhotep III. El acceso a la profunda bóveda de su bellísima tumba se realiza a través de una estrecha escalera. Esta también se conoce como la tumba de las Viñas, ya que muchos de sus techos están decorados con ellas. Aunque el trabajo carece de delicadeza, esta tumba le conquistará por su techo irregular, con racimos de uvas abrazando los huecos y protuberancias. Las paredes y los pilares representan al príncipe y a una de sus esposas, Senetnay.

VERSIÓN DIGITAL
GRATUITA

Consiga su guía digital escaneando este código QR

o visite la página
www.ebookfute.com
e introduzca el código
7L2MPG

petit futé
CARNET DE VIAJE
EGIPTO

LA GUÍA
VA A LOS SITIOS

VALLE
DE LOS ARTESANOS ★★

Este poblado de artesanos, conocido localmente como Deir el-Medinat, es un precioso testimonio del hábitat de la época de Amenhotep I. Construidas sobre montículos en medio de tierras de cultivo, todas estas aldeas han desaparecido debido a sucesivas inundaciones o han sido cubiertas por viviendas modernas. Sin embargo, la aldea de Deir el-Medinat no puede considerarse un ejemplo típico de este hábitat tradicional. Se creó de la nada para albergar a los obreros y artesanos (escultores, pintores, canteros, etc.) que trabajaban en las necrópolis, sobre todo en las de los reyes. No cabe duda de que el poblado rural tenía un trazado más confuso y menos ordenado. Deir el-Medinat, en cambio, refleja ya un cierto sentido urbanístico. Las propias casas, aunque pequeñas, tienen una estructura menos arcaica que las chozas de adobe y tejados frondosos de los campesinos del Nilo. Construidas muy juntas, son más largas que anchas, con dos o tres habitaciones contiguas y una escalera que conduce a una terraza en el piso superior. Aunque el trabajo de estos obreros era difícil, su condición de artesanos compensaba muchas cosas concediéndoles ciertos privilegios, como buenos salarios y una necrópolis para su propio uso.

DE ESNA A ASUÁN

ESNA

Los griegos conocían Esna como Latópolis, la «ciudad de los peces». Hoy, lamentablemente, los peces quedan atascados en su gran esclusa, por la que solo pasan lanchas motoras, al igual que muchos barcos por la noche, que atraviesan esta barrera uno detrás de otro. La ciudad es ahora famosa por su templo, que bien merece una visita.

■ TEMPLO DE JNUM ★★

El templo está dedicado al dios Jnum, representado con una cabeza de carnero, señor de Elefantina y parte de la tríada epónima que comandaba el Nilo, el dios que creó a los seres vivos en su torno de alfarero. También celebraba a las diosas Neit y Heket, siendo la primera la madre de todos los dioses, y la segunda habiendo participado con ella en la creación del mundo. Fue construido durante el periodo ptolemaico, en el siglo II a. C., y por el emperador romano Claudio entre el 41 y el 54 d. C. La sala hipóstila estaba precedida por una segunda sala hipóstila, una naos, una capilla principal y capillas laterales, y un deambulatorio que rodeaba todo el templo. El edificio se encuentra actualmente nueve metros por debajo del nivel de la calle.

▶ **El pórtico** calado deja ver las seis columnas de la sala hipóstila. Esta estructura es característica de los monumentos ptolemaicos y de su reedición romana. La escena representa a Tito frente a varias divinidades. Las dos puertas laterales eran utilizadas por los sacerdotes.

▶ **La sala hipóstila** ha conservado sus veinticuatro columnas en forma de loto, cuyas escenas narran la creación del mundo orquestada por Neit. La pared oeste es la más antigua del edificio, con escenas de ofrendas de los periodos de Septimio Severo y Caracalla. La pared este presenta una escena de masacre, mientras que en la esquina hay un calendario de festividades. El techo está perfectamente intacto y presenta elementos astronómicos que explican el curso del sol y las constelaciones.

EDFU

Situada en la orilla izquierda del Nilo, Edfu es una pequeña ciudad bordeada de terrazas de cafés, cobijada a la sombra de los árboles donde trinan los pájaros. Aunque los turistas son escasos desde la revolución de 2011, el templo de Horus vuelve a ser popular entre los visitantes, y con razón: es magnífico.

■ TEMPLO DE HORUS ★★★

Gracias a su excepcional estado de conservación (el mejor de Egipto), el templo de Edfu deja una impresión duradera. Sus dimensiones son impresionantes: es el tercer templo más grande de Egipto después de Karnak y Medinet-Abu. Su construcción comenzó en el año 237 a. C. y duró casi dos siglos. El templo conserva una perfecta homogeneidad tanto en su estructura como en su decoración, y ofrece una sorprendente reproducción de la atmósfera que debió reinar allí en la Antigüedad. Al santuario propiamente dicho —el lugar santísimo— solo podían acceder el rey local y el sumo sacerdote. Dedicado a Horus, el gran dios del cielo, destaca por sus bajorrelieves, en particular los que representan el encuentro anual de Horus y Hathor y los que simbolizan a la diosa Nut en la capilla de Año Nuevo. Tómese

su tiempo para observar el detalle de alguno de los 18 000 jeroglíficos en un estado casi perfecto: es impresionante.

▶ **El pilón** de 36 metros de altura conserva las ranuras verticales que se utilizaban para erigir las astas de madera de las banderas. Tras cruzar el patio delantero formado por columnas con capiteles en forma de palmeras, lotos o papiros, se accede a una primera sala hipóstila con paredes decoradas con escenas de ofrendas. Una vez más, el decorado evoca la naturaleza, un pantano o un bosque; en cada columna hay motivos vegetales. La sala tiene dieciocho columnas, seis de las cuales están incrustadas a media altura por un muro que oculta el interior de la sala. A la izquierda de la entrada hay una estatua de Horus de granito rosa y otra rota.

▶ **Una segunda sala hipóstila** sostenida por doce columnas, más pequeña pero también más elegante, conduce a varias cámaras donde se almacenaban las ofrendas y se preparaban los rituales. Las dos salas siguientes dan acceso a otras cámaras o capillas a través de escaleras. El santuario, que conserva su capilla tallada en un solo bloque de granito, data del reinado de Nectanibis II. Originalmente tenía una puerta y albergaba la estatua sagrada de Horus. El altar situado delante de la estatua sostenía la corteza del dios.

▶ **Alrededor del santuario,** un pasillo conduce a diez cámaras. En una de ellas se ha reconstruido una barca procesional. Una pasarela al aire libre permite hacer un recorrido casi completo del edificio. Si se toma el tiempo necesario para descifrar las innumerables escenas representadas, podrá repasar la mitología egipcia. Al final de la visita, el sutil juego de luces y sombras dentro del edificio dejará una impresión duradera.

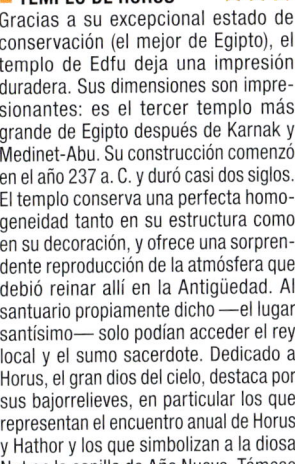

VISITA

KOM OMBO

Poblada principalmente por nubios, expulsados de sus tierras por la construcción de la «presa alta», también se la conoce como Nueva Nubia. La ciudad ha conservado parte de su antiguo papel: sigue sirviendo de escala a los caravaneros, ahora reciclados en el comercio de camellos, cuya tradición perpetúa el mercado de Daraw. Esencialmente productora de caña de azúcar, la ciudad cuenta con una importante comunidad copta, como demuestran sus numerosas iglesias.

▪ TEMPLO DE SOBEK Y HORUS ★★★

El templo ptolemaico de Kom Ombo fue construido a lo largo de dos siglos, entre el II y el I a. C., por los reyes Ptolomeo VI y Ptolomeo XII. El patio y la muralla que lo rodean son más modernos y se construyeron durante la época romana. Este templo está dedicado a dos divinidades: Sobek, el dios cocodrilo, y Haroeris, una de las manifestaciones de Horus. El aspecto disminuido del templo se debe a la erosión y las inundaciones causadas por el Nilo. Sin duda, el uso de las piedras del templo para construir monumentos coptos también ha contribuido a su aspecto actual.

▶ **La colosal puerta** fue construida por Ptolomeo XII. Solo se conservan dos partes.

▶ **Del pilón** solo quedan unas bases desde las que se accede a las dos vías de culto paralelas: a la izquierda, se camina hacia Haroeris; a la derecha, hacia Sobek. Se entra por el patio de Tiberio (14 a 35 a. C.), rodeado de dieciséis columnas ornamentadas. En el centro de este, el altar es el único elemento compartido por las dos divinidades, ya que sobre él se depositaban sus ofrendas.

▶ **El pórtico** es típico del periodo ptolemaico y consiste en un muro que termina a media altura y rodea las cinco columnas compuestas pertenecientes a la sala hipóstila. Las escenas exteriores representan al faraón siendo purificado por Thot y Horus ante Haroeris, a la izquierda, y Sobek, a la derecha.

▶ **La primera sala hipóstila** está sostenida por quince columnas, cinco de las cuales se integran en el pórtico. Es común a ambos cultos y da acceso a **la segunda sala hipóstila,** más pequeña, sostenida por diez columnas de papiro. Aquí se representa a Ptolomeo VIII frente a Haroeris, de quien recibe la espada y la coronación. Ambas estancias conservan numerosos restos de policromía.

▶ **Las dos capillas** están precedidas por **tres vestíbulos** dobles, el primero decorado con ritos de purificación y consagración, el segundo con ofrendas. Poco queda de las dos capillas, aparte de los lugares de descanso de las barcas sagradas. Las rodean numerosas capillas laterales. En el deambulatorio exterior, unos bajorrelieves proporcionan información sobre el arte de la cirugía tal y como se conocía en la época.

▶ **Fuera del templo,** frente a la colosal puerta, se alza el *mammisi* de Ptolomeo IX (116 a 107), un pequeño templo secundario. Se encuentra no lejos de un nilómetro y un pozo.

▶ **El Museo del Cocodrilo,** situado a medio camino entre el templo y la salida, presenta una buena colección de cocodrilos momificados, con explicaciones al lado.

ASUÁN

Aunque los griegos llamaban a esta ciudad comercial Siene, en la antigüedad era Elefantina. Asuán se encuentra en la primera catarata, a la entrada de la tierra de Kush, Nubia. Es otro Egipto, de transición con Sudán y los faraones negros. La gente vivía en Elefantina y en la isla de Sehel. Las canteras de granito rosa se utilizaban en todo el país para adornar los templos o como materia prima para los escultores de estatuas monumentales. Desde Kom Ombo, el valle estrecha, la arena se vuelve más amarilla, casi dorada, y los palmerales que bordean la carretera y el ferrocarril contrastan en su verdor con la materia mineral que arde al sol. Así que, naturalmente, volvemos más la vista hacia el Nilo, que es más azul, más oscuro y más frío. Es en los huecos de los bloques de granito redondeados por las olas donde se esconde el dios Hapi, que da fuerza al río en época de crecidas. La tríada elefantina formada por Jnum, Satet y Anuket, con su capataz Hapi, están un poco parados desde la construcción de la presa alta, aguas arriba del río, en 1970. Ya no hay crecidas y el río sigue su curso. Sin embargo, el Nilo no es tan tranquilo como parece, ya que fuertes corrientes a cincuenta metros de profundidad crean remolinos mortales entre las islas. Así que los bañistas suelen remojarse a lo largo de los bancos arenosos de la orilla oeste. Asuán es la puerta de entrada a Nubia, cuyos habitantes han recuperado su lugar en la sociedad. Tras la expulsión y destrucción de las casas de las tribus que vivían a orillas del Nilo, ahora sumergido por el lago Nasser, los nubios quedaron marginados. Ahora han recuperado el control de la ciudad y visitar las aldeas nubias se ha convertido en una visita obligada. Algunos de ellos luchan por que el Estado egipcio reconozca realmente su lengua y su cultura.

■ MUSEO DE NUBIA
Sharia el Fanadeq

Este museo, uno de los principales proyectos emprendidos por la Unesco para salvaguardar el patrimonio nubio, abrió sus puertas a finales de 1997. Construido íntegramente en granito rosa, alberga espléndidas exposiciones que datan desde Nagada I y II hasta la Nubia islámica y cristiana. El nombre de Nubia se aplica actualmente a la región que se extiende desde la ciudad de Asuán, en el norte, hasta Debba.

La región era rica en oro, cobre, piedras semipreciosas y amatista. También era punto de paso de productos procedentes del África ecuatorial, como marfil, incienso, huevos de avestruz y plumas. Nubia nunca estuvo geográficamente aislada de Egipto, pero no fue hasta 1899 cuando la Baja Nubia quedó unida a Egipto por un tratado británico que puso fin a las disputas provocadas por Muhammad Alí.

En 1907 se construyó la primera presa de Asuán. El 8 de marzo de 1960, la Unesco hizo un llamamiento para organizar una expedición internacional con el fin de salvar los monumentos nubios. Se trasladaron File, Abu Simbel y los demás, y la antigua Nubia fue inundada, obligando a sus habitantes a emigrar hacia el norte. Semejante civilización, con una historia tan antigua, poseía naturalmente un patrimonio propio de incalculable valor en la arquitectura de sus viviendas, su artesanía y su expresión artística. El Museo de Nubia recorre paso a paso la historia de este pueblo. La exposición muestra la rica historia de esta región, que ha conservado su identidad a lo largo de los periodos helénico, romano, copto e islámico.

VISITA

© AUTHOR'S IMAGE

El río Nilo a su paso frente a Asuán.

■ **MUSEO DEL NILO** ⭐

Intersección de la *sharia* Fanadek y la de el-Sadat

Frente a la antigua presa (Ghazal). Construido en la carretera que conduce a la presa de Asuán, es imposible pasar por alto este imponente y extraño edificio, cuyo arquitecto parece haberse inspirado en una mezcla de arte nubio y estilo soviético. Siguiendo la tradición de los museos de propaganda creados por cada presidente egipcio, este, inaugurado a principios de 2016, rinde un sentido homenaje al ex mariscal Abdel Fattah al Sisi, elegido dos años antes. Pero, por una vez, no se trata de la grandeza del ejército egipcio. El héroe es el Nilo, representado a la entrada por una fuente que se eleva hasta el techo. Las once banderas africanas que cuelgan alrededor recuerdan la continuidad que existe entre estos países y la solidaridad que debería derivarse de ella.

▶ **Ala derecha: un homenaje a las presas de Asuán.** Tras las medallas concedidas por Nasser y la URSS a los constructores de la presa de 1964, una antigua figura de cera egipcia hace una pausa. Sin más explicaciones, la siguiente vitrina muestra una carta de Nasser celebrando la presa de Asuán y otra de al-Sisi elogiando el Museo del Nilo. Las enormes maquetas de la presa de 1898 y la de 1964 no carecen de interés. Es fácil ver que la presa más antigua permitía el paso de más agua gracias a su centenar de pequeñas aberturas, mientras que la nueva solo tiene unas cuarenta ventanitas. El pasillo continúa con una exposición objetos variopintos que realzan el orgullo nacional.

▶ **Ala izquierda: recuerdos.** La moda de los hologramas también parece haber llegado a Egipto. El primero es Alaa Bacha Mubarak, el inventor de las presas de Qanater, al norte de El Cairo.

El segundo, al fondo, es el ministro de Irrigación cuando se inauguró el museo. La sala está salpicada de objetos procedentes de varios países de la cuenca del Nilo y de tecnologías utilizadas en la construcción de la presa de Asuán.

▶ **Primera planta.** Se pidió a los once países «hermanos» que hicieran donaciones al museo, pero su escaso número dice mucho de las profundas divisiones políticas que persisten. No obstante, esta es la única zona del museo donde la vida cotidiana de los pueblos del Nilo está representada en pinturas de artistas egipcios. Los abarrotados acuarios completan la visita.

▶ **Biblioteca de archivos.** Abierta previa petición, es una mina de oro para quienes busquen fotos de archivo, artículos de periódicos antiguos y mapas originales de la presa de Asuán.

■ **TUMBAS DE LOS NOBLES** ⭐⭐
Moqaber el nobala
Son los hipogeos que pueden verse desde las ciudades aferradas a la ladera de la colina al otro lado del río. Albergan las tumbas de poderosos monarcas desde finales del Imperio Antiguo hasta principios del Medio. Las tumbas se encuentran en la ladera de la colina, bajo el mausoleo de Ali Ben el-Hawa, que puede verse en lo más alto. El yacimiento se encuentra en mal estado de conservación y los monumentos no disponen de paneles informativos. No dude en insistir para que le abran las salas. Los guías del lugar no lo harán por sí mismos.

ISLA DE SEHEL

Un viaje a la isla de Sehel merece especialmente la pena por el tiempo que se pasa en la faluca observando las numerosas variedades de aves. Al final del día, cuando la luz se suaviza, es un verdadero placer deslizarse por el agua. Se puede hacer una parada para visitar la «piedra del hambre» y luego descubrir un auténtico poblado nubio donde la gente vive y produce artesanía. Mucho menos turístico que el *falso* pueblo nubio de la orilla oeste (Gharb Sehel). Se puede llegar a la isla de Sehel en lancha motora o velero. Los encontrará a lo largo de la cornisa, pero tendrá que regatear. La opción de ida y vuelta es la más segura.

■ **ESTELA DEL HAMBRE**
En el extremo sur de la isla.
En la cima de esta colina de bloques de granito, donde aún pueden verse con gran claridad jeroglíficos y dibujos faraónicos, una estela relata un episodio especialmente difícil del reinado de Zoser (dinastía III) en el año 19. En esta roca, reconocible por la falla que la atraviesa por el centro de izquierda a derecha, unas cuarenta líneas de jeroglíficos evocan la terrible sequía que asolaba al rey y a la población desde hacía siete años. He aquí un extracto: «Estaba afligido en mi trono [...]. Mi corazón estaba muy afligido, porque el Nilo no había llegado a tiempo desde hacía siete años. El grano escaseaba, las semillas estaban agostadas, todo lo que teníamos para comer escaseaba». Los sacerdotes creían que el responsable era el furioso dios Jnum, que retenía las aguas del Nilo. Para apaciguarlo, se ve a Zoser presentando ofrendas al dios. Las escrituras detallan el sueño del sacerdote más importante del reino, en el que la deidad aparece y promete el retorno del agua. Al día siguiente, el rey promulgó un decreto para renovar el templo de Jnum en la isla Elefantina y llenarlo más regularmente de ofrendas.

◗ **Vista panorámica de la antigua presa.** Subir a esta colina rocosa (olvídese de las chanclas, por cierto) también permite hacerse una mejor idea de cómo eran el Nilo y Nubia antes de la presa de Asuán de Nasser. En aquella época, la primera isla plana justo enfrente estaba bajo el agua.

ISLA DE KITCHENER

Kitchener (*Geziret an-Nabatat* en árabe, significa «isla de las plantas») es una pequeña isla transformada en jardín botánico a finales del siglo pasado por lord Horatio Kitchener, entonces cónsul general de Egipto, apasionado de las flores y las esencias tropicales que hacía traer de África, Sudán y la India. Es un oasis de frescor salpicado de pajareras.

ISLA ELEFANTINA

Al llegar, cuesta hacerse a la idea de que aquí es donde ocurrió todo, ¡o casi todo! De Siene, capital del primer nomo del Alto Egipto, solo quedan vagos vestigios. Situada a las puertas de Nubia y de toda África, desempeñó un papel principal en el comercio de oro, marfil, ébano y especias. Sujeta a las incursiones nubias, estaba fortificada y mantenía una gran guarnición de soldados y mercenarios. Los monarcas y gobernadores eran allí tan poderosos como en los cuentos de hadas, gracias al fuerte tributo que cobraban a las caravanas y barcos que se disponían a cruzar la primera catarata. Se extraía granito de excelente calidad en cantidades industriales. La isla de Abu (significa *elefante*) albergaba el venerado templo de Jnum, mientras que a poca distancia, en File, se perpetuaba el culto

a Isis. Hoy, aislada en su extremo norte por el espantoso calabozo del Oberoi (hotel Mövenpick), sigue siendo sin embargo un mundo aparte, con un pueblo de calles estrechas y casas de adobe, sus fachadas pintadas en tonos ocres y azules pastel. Es un lugar agradable para pasear por los jardines llenos de luz donde crecen tomates y habichuelas. La isla está dividida en tres partes: al sur, el museo y el yacimiento arqueológico bordeados por el pueblo nubio de Coti (*judíos* en nubio); en el centro, las granjas y la escuela y museo Animalia; al norte, el pueblo de Siou y el hotel Mövenpick.

FILE

El pequeño lago que rodea File tiene una atmósfera curiosa, un lamento íntimo. El Nilo está más cautivo aquí que en ningún otro lugar de su curso: las dos presas de Asuán, separadas por menos de 3,5 km, han creado esta plácida extensión de agua que contrasta con la ardiente catarata original. Aquí el templo de Isis, rescatado de las aguas, parece encogido. ¿Es Isis quien hace resonar sus gritos en este lugar mágico donde recogió los fragmentos de Osiris, su adorado esposo? ¿O es Hapi, deidad del Nilo, capataz de las crecidas del río, quien murmura medio loco sus propios himnos de alabanza?

■ **TEMPLO DE ISIS**

El extraordinario templo de Isis y los edificios de culto asociados dedicados a la diosa ya no se encuentran en la isla de File, sino en la de Agikia. La verdadera File se encuentra a 250 m al sureste de la isla de Agikia, completamente sumergida. File se ha beneficiado del rescate de los templos nubios puesto en marcha por la

Unesco en 1960. En 1975 se construyó una presa alrededor de la isla, lo que redujo la cantidad de agua que la rodeaba y permitió partir los distintos edificios y transportarlos a la cercana isla de Agikia. El montaje se completó en 1980. File se salvó de las aguas.

Este yacimiento se construyó no muy lejos de uno de los lugares más emblemáticos del mito osiríaco. Fue en la isla de Biga, equidistante de File y Agikia, donde la pierna izquierda de Osiris fue escondida por su hermano y asesino, Set. Isis, la esposa de Osiris, la encontró allí y reunió el cuerpo de su marido; también la enterró allí, mientras Osiris resucitaba. Horus fue concebido allí. Isis decidió entonces trasladarse a la isla de File para estar más cerca de él. Durante la dinastía XXV (747 - 656), también se creía que Hapi, que dirigía el Nilo con la tríada elefantina, se ocultaba en una cueva de Biga, e incluso se pensaba que allí nacía el río.

El templo de Isis fue construido por los Ptolomeos. Rápidamente se convirtió en el centro del culto a Isis hasta 543 d. C., después de que un decreto de Justiniano lo prohibiera. Ya en el siglo IV se había establecido allí una iglesia cristiana.

▶ **Dos pórticos** preceden al gran templo de Isis. En el extremo sur del pórtico occidental se encuentran los restos más antiguos del lugar, el **quiosco de Nectanebo I** (380-362), primer rey de la XXX y última dinastía indígena. El **pórtico oeste** está formado por 32 columnas compuestas construidas bajo Ptolomeo III; el techo presenta águilas con la cabeza vuelta hacia la isla de Osiris, Biga. El **pórtico este** es más pequeño y oculta un insólito templo dedicado a **Imhotep,** no un dios, sino el

arquitecto de la pirámide de Zoser en Saqqara. Los dos pórticos enmarcan una **explanada** pavimentada que conduce al primer pilono del templo.

▶ **El primer pilono** es monumental. Sigue la tradición de las majestuosas entradas de los grandes templos, donde se colocaban mástiles de madera con los colores de la divinidad. Está precedido, a la derecha, por una pequeña **puerta de Ptolomeo II.** Es Ptolomeo XII en triunfo quien está representado en los bajorrelieves; una puerta en el lado izquierdo del pilono da acceso al *mammisi.* Al atravesar la puerta, a la derecha, se pueden ver mensajes grabados de la expedición de Bonaparte a Egipto.

▶ **El patio interior** alberga el curioso edificio del *mammisi,* erigido por Ptolomeo III en honor del nacimiento de Horus. El templo está dividido en tres salas, la segunda de las cuales está dedicada a las ofrendas, y en la que los bajorrelieves representan la concepción (a la izquierda) de Horus con Amón y Jnum, y su nacimiento (a la derecha), que tuvo lugar en las proximidades. En la tercera sala, Isis amamanta a su hijo. En las paredes exteriores está el dios Harpócrates, que no era otro que Horus para los Ptolomeos, y que parece un niño chupándose el dedo.

▶ **El segundo pilono,** como el resto del templo, está desplazado con respecto al primero. Su tamaño es tan impresionante como el de este. Se accede a él por una rampa escalonada. Aquí se representa a Ptolomeo XII presentando ofrendas a los dioses, mientras que la gran estela redonda de la derecha, en la que se indica una región minera en File, fue escrita por Ptolomeo VI.

▶ **La sala hipóstila** está sostenida por diez columnas, y está a la vez al aire libre y protegida por un techo de piedra. Presenta los emblemas del Alto y Bajo Egipto, así como cruces coptas talladas cuando el pronaos se transformó en iglesia.

▶ **El santuario** está precedido por tres vestíbulos y rodeado por otras nueve salas. Conserva el repositorio sobre el que se colocaba el tabernáculo que contenía la estatua de la divinidad. A su alrededor hay un patio de ofrendas al aire libre, mientras que una escalera conduce a la terraza del templo. Desde el primer vestíbulo, se puede salir del templo para encontrar la Puerta de Adriano al oeste.

▶ **La puerta de Adriano** daba a un templo dedicado a Osiris. Merece la pena echar un vistazo a algunos de los bajorrelieves que representan al dios Hapi y las fuentes del Nilo bajo la isla de Biga. También hay un nilómetro cerca de esta puerta.

▶ **Al este del gran templo de Isis,** se han trasladado cuatro edificios del complejo de File.

La puerta de Diocleciano, situada más al norte de la isla, es un arco de triunfo erigido por el emperador; era la entrada al recinto. El arco central ha desaparecido, quedando intactas solo las dos puertas laterales. No muy lejos, se conservan los cimientos de un **templo de Augusto,** cuyas piedras se utilizaron para construir iglesias en el siglo IV.

El **templo de Hathor,** que discurre hacia el sur por la orilla del río, fue construido por Ptolomeo VI y su sucesor. Se trata de un patio y un santuario dedicados a Hathor, que en aquella época se equiparaba a Isis, como a veces ha permitido la historia del panteón egipcio.

El quiosco de Trajano, más al sur, aunque totalmente romano, es extremadamente romántico, con sus catorce columnas compuestas. Dos puertas opuestas se abren a este quiosco. Junto a él, se han instalado bancos para ver el espectáculo de luz y sonido.

LAGO NASSER

NEW SEBUA

Nada menos que tres yacimientos (los templos de Dakka, de Maharraqa y de Uadi es-Sebua) han sido rescatados de las aguas y reconstituidos en el emplazamiento de New Sebua. El templo de Uadi es-Sebua, erigido por Ramsés II, merece una visita por su estructura clásica y progresiva con tres pilonos. Los otros dos templos se construyeron posteriormente. El yacimiento de New Sebua se encuentra a cuatro kilómetros al oeste del emplazamiento original de Uadi es-Sebua, en la orilla izquierda del lago Nasser. Se puede parar aquí para hacer un crucero.

NEW KALABSHA

Situado a unos quince kilómetros de Asuán, detrás de la presa, el nuevo yacimiento de Kalabsha puede ser una alternativa si se renuncia a visitar Abu Simbel. Por supuesto, no es comparable a las obras monumentales de este último, pero es más cómodo de visitar, y el templo de Mandulis, que también se trasladó cuando se construyó la presa, está mucho menos masificado.

ABU SIMBEL ★★★★

Al igual que el templo de Isis en Filae, los dos templos monumentales de Abu Simbel estaban destinados a ser engullidos cuando se construyó la presa de Asuán. Pero, a diferencia del primero, estaban excavados en la roca. Por tanto, hubo que recortarlos para reconstituir artificialmente la montaña en un punto más elevado. Las obras comenzaron en 1963, pero no terminaron hasta ocho años después. 12 000 toneladas de bloques de entre 5 y 20 toneladas de peso, cada uno de ellos cuidadosamente cortado, numerado, tratado con resinas sintéticas, trasladado y ensamblado 65 m más arriba. Situado a casi 300 km de Asuán, Abu Simbel consta de un pequeño pueblo y un aeropuerto.

■ TEMPLO DE RAMSÉS II ★★★★

El gran templo de Abu Simbel fue obra de Ramsés II. Hicieron falta casi veinte años para construirlo en la roca y en producir esta gran obra maestra arquitectónica de la Antigüedad. Está dedicado a Amón-Ra, el dios más poderoso del culto tebano, a Ra-Horajty, que domina el culto heliopolitano, a Ptah, centro del culto de Menfis, y a Ramsés II, divinizado.

El significado político-religioso de este templo es monumental, como si el faraón quisiera reunir aquí los tres cultos de Egipto, cada uno con su momento de gloria. Él mismo se divinizó, y tenía todo el derecho: era el sucesor de Ra, seguido por Shu, Gheb, Osiris, Horus y, finalmente, el faraón, cuyo ciclo continúa hasta Ramsés II, hijo de Seti I, de la dinastía XIX, vencedor de tantas victorias sobre sus enemigos, y constructor de tantos templos dedicados al culto de Ra.

VISITA

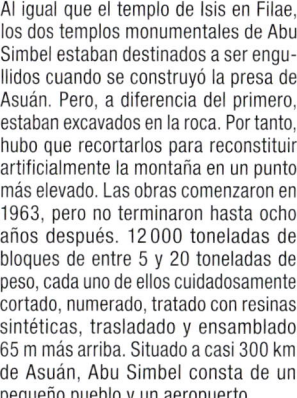

© TOM PEPEIRA – ICONOTEC

Templo de Abu Simbel.

▶ **La fachada** del templo está precedida por cuatro estatuas monumentales de Ramsés II sentado, acompañado por su amada esposa, Nefertari, su madre, Tuyu, y sus hijos e hijas. Alcanzan una altura de más de veeinte metros. En el nicho sobre la entrada del templo se encuentra Ra-Horajty, una figura con cabeza de halcón coronada por un sol. Un friso de babuinos completa la parte superior de la fachada.

▶ Un pequeño pasillo conduce a la primera **sala hipóstila,** sostenida por ocho estatuas osiríes con la apariencia de Ramsés II. A la izquierda, llevan la corona blanca del Alto Egipto y, a la derecha, la doble corona del país unido. Las paredes magnifican las victorias reales, en particular la de Qadesh sobre los hititas.

▶ Se accede a una segunda **sala hipóstila** con cuatro pilares cuadrados, donde el faraón presenta ofrendas a las principales divinidades del panteón egipcio. Un vestíbulo sigue a esta sala hasta el **santuario,** donde cuatro estatuas sentadas esperan impasibles al visitante de hoy, el sacerdote de Amón en tiempos del faraón. Son los tres dioses principales de los tres cultos y el de Ramsés II.

Varias cámaras excavadas en la roca amplían el templo en diez salas decoradas con bajorrelieves de diferentes colores.

El eje de la puerta del templo hacia el santuario se diseñó para que el sol incidiera sobre las estatuas el 22 de octubre y el 22 de febrero de cada año para celebrar festividades muy queridas por Ramsés II.

▶ **También se puede visitar la estructura moderna** que da al templo, que fue cortada y montada aquí cuando se trasladó antes de la construcción de la presa de Asuán. El contraste es interesante.

■ **TEMPLO DE NEFERTARI (HATHOR)** ★★★★

La fachada del templo dedicado a Hathor y a la esposa de Ramsés II, Nefertari, expresa una vez más el deseo de mostrar la cercanía del faraón y los dioses, pero esta vez elevando a la esposa real a un nivel inusual. Mientras que el faraón está representado cuatro veces en la fachada en forma de estatuas osiríes monumentales que llevan la doble corona, Nefertari recibe dos estatuas de la misma altura, mientras que normalmente se la representaba más pequeña, de acuerdo con los cánones de la estatuaria egipcia. En el gran templo vecino, la madre, los hijos y las hijas del faraón están representados por estatuas no más altas que las caderas de sus padres.

▶ **El interior del templo consta de una sala hipóstila** sostenida por seis pilares con capiteles hatóricos. En las paredes, la esposa real ofrece regalos a la diosa, que adopta los rasgos de una mujer o de una vaca, como en una barca cuando Nefertari le ofrece papiros. El techo está adornado con dos conjuntos diferentes de epítetos reales. A la izquierda, se describe a la reina así: «El rey del Alto y Bajo Egipto Usermaatra Setepenra, su amada, la esposa real Nefertari Meritenmut, amada de Hathor, dotada de vida». Al vestíbulo se accede a través de tres puertas y conduce a dos cámaras laterales y al santuario, donde está entronizada en su nicho una estatua de Hathor en forma de vaca que emerge de la montaña.

ALEJANDRÍA, EL DELTA Y SUEZ

ALEJANDRÍA ★★★

Alejandría es cosmopolita desde su fundación en el 332 a. C. por el gran conquistador Alejandro. Sus sucesores desarrollaron brillantemente la ciudad y la convirtieron en el principal centro de pensamiento del mundo helenístico.

No había un único faro brillando sobre el Mediterráneo; junto con la biblioteca, esta era la capital de las artes, un faro de luz para el mundo, gracias al encuentro de los eruditos, filósofos y teólogos de la época.

Hoy en día, *Alex,* como la llaman cariñosamente sus habitantes, se ha desarrollado como el resto de la costa mediterránea de Egipto, teniendo que lidiar con los efectos de una urbanización descontrolada.

Sin embargo, a lo largo de la magnífica bahía de cuatro kilómetros, que va desde el fuerte de Qaitbay hasta la punta Silsila, se conservan edificios italianos y neoárabes.

■ BIBLIOTHECA ALEXANDRINA ★★

Cornisa
Bab Sharqi
℡ +20 3 483 99 99
bibalex.org
social.media@bibalex.org

Desde 2002, la nueva biblioteca de Alejandría (BA) se levanta cerca de donde en la antigüedad se encontraba la venerable biblioteca, parte integrante del Museion. Albergaba más de 500 000 manuscritos que atraían a eruditos de todo el mundo helenístico.

La nueva BA está a la altura del mito: fruto de la colaboración internacional, es una biblioteca extraordinaria, única en el mundo, que contiene dos millones y medio de obras en sesenta idiomas (500 000 de ellas digitalizadas y accesibles en línea).

También es la mayor sala cubierta del mundo, con siete niveles interconectados. La BA alberga además tres museos.

Diseñado por una empresa noruega, su coste, de unos 180 millones de dólares, fue sufragado por Egipto, la Unesco y varios países extranjeros. Muchas bibliotecas occidentales han donado copias de sus manuscritos.

Esta entidad es un centro de investigación sobre la historia de Egipto y del mundo mediterráneo, pero también un enorme centro cultural con un proyecto de cartografía de la ciudad para los próximos cincuenta años.

Además de la sala de la biblioteca, una auténtica proeza arquitectónica, también podrá visitar las exposiciones permanentes: el museo de manuscritos antiguos, la colección Mohamed Awad dedicada a la historia de Alejandría; el museo arqueológico; el museo de ciencias y el planetario.

	Museo
	Lugar de interés
	Playa
	Aeropuerto
	Estación
	Zona urbana
	Espacio verde

ALEJANDRÍA

MAR MEDITERRÁNEO

Fuerte Qait Bay

Playa
Chatby

Al Geash Ra

**Biblioteca
de Alejandria**

*Puerto
oriental*

El Boseary
station

IBRAHIMI

Suez Canal Rd.

RAS EL-TIN

Al Geash Road

Al Shah

Kafr Raes Al Tin

26 July

Al Iskandar Al Akbar

Ramleh
Tramway

Estanbol

Al Nasr

Al Sabaa Banat

S. Zaghloul

Al Horreya

**Museo
grecoromano**

Omar Toson

Grinfel

El Rokab
El Bahareya

Al Maks

Al Sharkawi

Ismail Mahana

Sidi Metwali

Alexandria
Main Station
(Train-Tramway)

Mohàrm Bek

Suez Canal

El Rasafa
Metro station

*Puerto
occidental*

Al Maks

Othman Abaza

GUMRUK

Sharif

**MUHARRAM
BEY**

Kanal Al Mahmoudeya Al Bahri

218

Moha
Tram

Al Maks

Ghana

Al Bahi

Al Maks

Al Kabary

Tereat Al Mahmoudeya

218

KARMUS

Al Berash

Al Aman

Al Maks

Al Maks

Ibn Salem

N'196

218

Al Mariah

Sheiket N.

Al Kabary Route Rapide

Al Kabary Route Rap

*Lago
Mariut*

■ CATACUMBAS DE KOM EL-SHUQAFA ★★★

Sharia el-Nassareya

El yacimiento de Kom el Shoqafa, o «montículo de fragmentos», oculta una red de catacumbas construidas en torno a un pozo central. Se cree que fue descubierto cuando una bóveda se derrumbó bajo el peso de un burro y las investigaciones arqueológicas empezaron en 1900. Iniciado en tiempos del emperador Caracalla, el yacimiento data de los siglos I y II d. C. y se extiende en tres niveles y noventa metros de profundidad. Es extraordinario por su combinación de influencias helenísticas, romanas y egipcias, visibles incluso para los menos conocedores. Situado en el barrio de Rhakotis, es el yacimiento excavado mejor conservado de Alejandría y contiene unos trescientos ataúdes. Inundado durante mucho tiempo, fue restaurado en 1995.

▶ **Se accede a las catacumbas** a través de un pozo alrededor del cual se ha construido una escalera circular. Esta conduce a una sala cuadrada con un triclinio tallado en la roca, donde las familias se reunían para celebrar a sus difuntos. A continuación se atraviesa una rotonda. La parte más decorada del hipogeo es una capilla funeraria con tres nichos. La decoración de los bajorrelieves es típica del arte greco-rromano tardío de Alejandría: aunque Osiris y el rito de momificación son claramente reconocibles, las figuras dejan de ser egipcias por su plasticidad; el vendaje de la momia tiene forma de rombo, como las momias de Fayum. La gran serpiente de cuerpo entrelazado se llama Agatodemon, que significa «buen genio» en griego; es la protectora de Alejandría y un emblema particular de la ciudad. Se dice que, al elegir el emplazamiento de su futura ciudad, Alejandro se topó con algunas serpientes, a las que valoró por su buen augurio y honró en consecuencia. A ambos lados de esta capilla, hay galerías bordeadas de

Estatua de Alejandro Magno en Alejandría.

lóculos, que pudieron contener varios cuerpos depositados sobre una capa de arena, acompañados de vasijas. La Sala de Caracalla, a la que se accede por la rotonda, lleva el nombre del emperador romano cuyos cristianos perseguidos se encontraban aquí.

▶ **En la explanada**, varios restos de tumbas se exponen al aire libre, donde destacan dos elementos arquitectónicos. La tumba de Tigrane, trasladada desde la calle Puerto Saíd, es una pequeña capilla formada por dos cámaras adornadas con pinturas murales helenísticas; en la que se nota una vez más la técnica de vendar la momia sobre un lecho con pies estilizados. La tumba de Wardian, también hallada en el mismo distrito que la de Tigran, está realzada con elementos esculpidos.

■ **CATEDRALES** ⭐⭐

Alejandría, no lo olvidemos, es una de las grandes ciudades cristianas de la antigüedad, sede histórica de la predicación de san Marcos en Egipto y verdadera ciudad apostólica. Por lo tanto, las catedrales históricas del país no se encuentran en El Cairo, sino aquí. La separación de los cristianos en distintas ramas hace que hoy haya cuatro catedrales en Alejandría: la latina, la copta ortodoxa, la católica griega y la ortodoxa griega.

Tres están situadas en el mismo barrio de Mancheya, al sur de la plaza Tahrir, entre los grandes almacenes Hanaux y la *sharia* de Sidi Metwally. La catedral copta ortodoxa está en la calle Nabi Daniel.

▶ **Catedral latina de Santa Catalina.** Gran iglesia del siglo XIX con una nave central y dos laterales, el interior está encalado. Detrás del altar mayor se

encuentra la tumba del rey Víctor Manuel III de Italia, que murió exiliado en Alejandría. La catedral es adyacente a la sede del vicariato apostólico; en aras del diálogo ecuménico, la Iglesia católica nombra un obispo para Egipto, pero no lleva el título de obispo de Alejandría.

▶ **Catedral ortodoxa griega del Patriarcado de Alejandría y de toda África.** Se dice que la Iglesia ortodoxa griega de Alejandría es autocéfala, lo que significa que su comunidad no depende de una jerarquía superior, aunque son miembros de la Unión de Iglesias ortodoxas. Esta iglesia, construida también en el siglo XIX, tiene tres naves y destaca por su iconostasio.

▶ **Catedral católica griega, sede del Patriarcado de Alejandría.** Se trata de la iglesia melquita, originaria de Siria después de san Pedro, y es una de las iglesias *sui iuris* de la Iglesia católica. El edificio, construido en el siglo XIX, está encalado en ocre. Este es el lugar donde los domingos se escuchan bajo sus bóvedas los cantos melquitas, famosos por su calidad.

▶ **Catedral copta ortodoxa de San Marcos.** Los cimientos y la cripta de la catedral datan de los primeros siglos de nuestra era. Fue en esta cripta donde robaron los huesos de san Marcos en el siglo IX, antes de llevarlos a Venecia y conservarlos allí hasta que el papa Pablo VI los devolvió en 1968. El edificio actual data de la década de 1950. Es la sede histórica de la predicación de san Marcos. El 9 de abril de 2017, al final de la misa del Domingo de Ramos presidida por el papa Tawadros II, un terrorista suicida se inmoló en la entrada, matando a diecisiete personas.

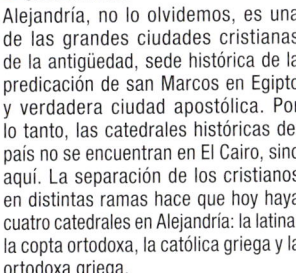

■ CORNISA

Pasear por la Cornisa es la actividad número uno de los lugareños, sobre todo en verano, cuando la humedad de las olas embravecidas se pega a la ropa y un poco salada por el rocío que salta por encima de las barandillas. Por supuesto, es un buen lugar para ligar, pero principalmente para pasear en familia o entre amigos. Se pasa de las partes más modernas de la ciudad, con la Bibliotheca Alexandrina, a las más antiguas, con las antiguas tumbas y la ciudadela de Qaitbay, y entre medias, los vestigios de la ciudad de los siglos XIX y XX. Imprescindible para sentir el alma de la ciudad.

DELTA

Si las ramas del Nilo desaparecen una tras otra, es sencillamente porque el delta se está inclinando. Suez sube y Alejandría se hunde. El delta se mueve, pero no se preocupe, no cederá bajo sus pies. Este reino de las aguas no es la región más transitada de Egipto. Aunque a menudo las agencias de viajes la pasan por alto, en la Antigüedad desempeñó un papel tan importante como el Alto Egipto. El delta es el pulmón agrícola del país. Egipto puede estar agradecido a Muhammad Alí, que construyó uno de los mayores embalses de agua del siglo XIX. Al elevar el nivel del río, reguló el curso del Nilo y la agricultura.

El triángulo fértil también cuenta con el mayor productor de algodón del mundo, y es excepcional. Gracias al algodón, Egipto se convirtió en un Estado moderno. La edad de oro del algodón duró 150 años, pero llegó a su fin con la llegada de otro reformador, Nasser. Expropió a los grandes terratenientes y distribuyó la tierra entre los pequeños agricultores. Aunque el algodón es el orgullo del país, no hay cultivo más vigilado por el Estado. Incluso hoy, la política de gestión de este oro blanco obstaculiza la modernización.

También vemos que la presa de Asuán está creando problemas que repercuten hasta el delta. Amenazado por la erosión, el Mediterráneo avanza hacia el interior y el delta está en peligro. La presa de Asuán retiene toneladas de aluviones, por lo que los agricultores tienen que utilizar grandes cantidades de fertilizantes químicos para compensar. El Nilo atraviesa nueve países, lo que lleva a que se esparza una gran cantidad de residuos a lo largo de su curso. Poco a poco, el Nilo se contamina, la tierra se empobrece y el contenido de sal aumenta día a día. Como resultado, las aves y los insectos ya no pueden vivir en él.

Otra plaga se suma a la degradación de esta región: el jacinto de agua. Se importó en el siglo XIX para decorar los estanques y lagos de los establecimientos de lujo de la época. Se reproduce con rapidez y asfixia el delta, lo que hace que el agua del delta apenas sea apta para el consumo humano. La mayoría de los hogares de la región carecen de agua corriente, y hay muchas infecciones. Los poderes públicos deben encontrar soluciones, porque el Nilo pronto dejará de ser para los habitantes del delta la «fuente de vida» que era antes. En treinta años, el hombre ha hecho mucho más daño al Nilo que en los siete mil anteriores.

Rosetta. Casas de mercaderes del periodo otomano.

VISITA

ROSETTA

Rosetta, o «Rashid» en árabe, fue fundada en el siglo IX y se convirtió en el principal puerto de Egipto en los siglos XVII y XVIII. Alejandría tomó el relevo en el siglo XIX, dejando a Rosetta un poco más de calma y serenidad. Sin embargo, orientada hacia el Nilo y el mar, vive de la pesca y los dátiles. Famosa por la piedra de Rosetta, descubierta en 1799 y descifrada por Champollion, es también la ciudad con más monumentos islámicos después de El Cairo. Sus baños, mezquitas y ciudadela le confieren un encanto medieval único en Egipto. Desde 2017, es objeto de un vasto proyecto de rehabilitación. Erróneamente ignorada por los turistas hasta ahora, su alcalde y el jefe de antigüedades están haciendo todo lo posible para incluirla en la lista de lugares turísticos indispensables. Pueden visitarse ocho de las veintidós espléndidas casas de mercaderes de la época otomana. Estos robustos edificios de ladrillo rojo y negro, con sus sublimes *mashrabiyas,* transportan inmediatamente al visitante a épocas pasadas en las que, ocultas tras estas ventanas de encaje de madera, las mujeres podían disfrutar del espectáculo de la calle. No se pierda la visita al hammam Azouz, el más antiguo de la ciudad, edificado en el siglo XVIII.

BUBASTIS

También conocida como Per Bastet en egipcio antiguo y Tell Basta en árabe, esta antigua ciudad fue la capital del 18.º nomo del Bajo Egipto. Los nomos 18 y 19 corresponden al antiguo nomo 13, que se dividió en dos más pequeños. La capital estaba dedicada a la diosa Bastet, como su nombre indica, en relación con el dios Atum. Esta diosa, paradójicamente, nunca aparece representada en los templos y tumbas antiguos, a excepción de Bubastis, en el delta, donde es la más famosa de todas las representaciones egipcias, en la que adopta la forma de un gato.

CANAL DE SUEZ

Hoy es difícil imaginar un mapa de la región sin la delgada línea azul que une el Mediterráneo y el mar Rojo. Sin embargo, durante siglos estuvieron separados por una franja desértica de 150 km de ancho, que obligaba a los barcos a dar largos rodeos para cruzar del Atlántico al Índico. El canal, de 163 km de longitud actualmente, sigue siendo una ruta marítima muy popular. Ofrece el asombroso espectáculo de gigantescos barcos deslizándose a través del desierto.

PUERTO SAÍD ⭐

La ciudad, dedicada al jedive Mohamed Said, que ordenó su construcción conjuntamente con la compañía del canal de Suez, fue fundada en 1859, diez años antes de la inauguración del canal, sobre una laguna artificial de tierra delimitada al oeste por lagos. Una vez terminado e inaugurado, la compañía estableció su sede en Ismailía. Sin embargo, con todo su poder sobre las ciudades del canal, siempre ha desempeñado un papel importante en el desarrollo de la ciudad, construyendo y proporcionando villas, playas privadas, restaurantes y lugares de ocio, así como iglesias, todo ello en beneficio de los empleados del canal. Esta vida autosuficiente llegó a su punto álgido en 1956 con la «crisis de Suez», como se conoció en Europa, que fue vista en Egipto como una cobarde agresión a tres bandas por parte de Francia, el Reino Unido e Israel.

Puerto Saíd es un destino interesante si ya se conoce bien Egipto y merece la pena pasar allí uno o dos días. Tómese su tiempo para pasear por el paseo marítimo (hoy degradado por interminables centros comerciales), el barrio de Faransawi o el más popular de El-Arabi; cruce el canal en uno de los muchos transbordadores gratuitos y diríjase a Port Fuad, donde encontrará algunas pequeñas y bonitas villas.

LAGO MANZALA

El Manzala es uno de los mayores lagos de Egipto, con vistas al mar Mediterráneo al norte, limita al este con Puerto Saíd y al oeste con Damietta, donde san Luis fue hecho prisionero.

El objetivo de la travesía era llegar a Puerto Saíd y al pequeño puerto pesquero de el-Matariya. Para ello, se viajaba desde el primero hasta la orilla del lago Manzala, en la estación de Lynch, y se embarcaba en una lancha motora.

ISMAILÍA ⭐⭐

La región entre Puerto Saíd e Ismailía era conocida en la Biblia por otro nombre: el mar de los Juncos, atravesado por Moisés a la cabeza del pueblo hebreo liberado de la esclavitud por el faraón, que luego los perseguiría para hacerles regresar o exterminarlos. Los hebreos acamparon junto al mar, dice el texto sagrado, sin decir que se trataba del mar Rojo. Los exegetas de hoy pueden demostrar que el milagro que salvó al pueblo fugitivo tuvo lugar ciertamente en este mar de las Juncos, formado por los lagos Manzala, Balah, Timsah y Amargo; es decir, muy cerca de la actual Ismailía. La ciudad, dedicada al jedive Ismail, sucesor de Saíd, fue fundada en 1861 por Ferdinand de Lesseps como

CANAL DE SUEZ

Puerto Saíd

Mar Mediterráneo

Beir Friad
Ras el-Ish

El-Tina   *Canal*
El-Cap   *de*
         Suez   Gilbana
                           Bir el-Abd   Bir el-Mazar

El-Qantara   El-Qantara
el-Garbiya   el-Sharqiya

El-Ferdan

Ismailía

Serapeum
Abu Sultan
                Gran lago   *Khatmia*   Bir Gifgafa   Bir Hasana
                Amargo   Pass

Fanara   *Pequeño lago*   *Giddi Pass*
Gineifa   *Amargo*

hacia   Bir el-Thamada
El Cairo
←   El-Kubri   *Túnel*   *Mitla*
                               Pass
Suez

50 km

VISITA

residencia para los expatriados franceses que trabajaban en la construcción del canal. Su ubicación se eligió por la proximidad del lago Timsah, cuya anchura natural aún permite a los barcos hacer escala. Es una bonita ciudad que parece un inmenso jardín con árboles, parques y vastas explanadas surcadas por anchas avenidas bordeadas de cuidadas aceras. Restos de esta época de esplendor y lujo, magníficas residencias con paneles se alzan a la sombra de tamariscos y eucaliptos.

SUEZ

A decir verdad, Suez no interesa a los turistas. A menos que necesite hacer escala aquí de camino a El Cairo y el Sinaí, o incluso que busque alojamiento barato no lejos de los monasterios de San Pablo y San Antonio, simplemente pasará de largo. La ciudad fue severamente perjudicada por los bombardeos israelíes, destruyendo el 80 % de ella, y algunas fachadas aún conservan las cicatrices de los impactos de las balas y la metralla.

Aparte de unas pocas calles estrechas y congestionadas en el centro, el trazado de Suez sigue el plan habitual de las ciudades nuevas: amplias avenidas bordeadas de medianas, todas cruzándose en ángulo recto. En segundo plano, y por toda la periferia, hay tanques circulares oxidados y refinerías escupiendo fuego, de las que parte una inextricable red de tortuosos oleoductos en todas direcciones.

RESERVA NATURAL DE OMAYED

La reserva de El Omayed, de casi 800 km², está situada en la llanura interior, a cincuenta kilómetros al oeste de Alejandría. Cuenta con dunas de arena, marismas y zonas salinas. La reserva protege la biosfera creada por el lago Mariut, con setenta especies de aves, treinta es de reptiles y anfibios y quinientas de insectos. En esta región crecen varias especies de plantas silvestres, la mayoría con propiedades medicinales. Entre los mamíferos destacan la gacela dorcas, la rata mediterránea endémica, el zorro del desierto y el zorro rojo. También hay gacelas, chacales dorados y ratas norteafricanas.

© RAYMOND ALBERT – SHUTTERSTOCK.COM

Marsa Matruth.

MARINA EL ALAMEIN

La más antigua de las ciudades costeras surgidas de la arena en los últimos 10 años, situada a 92 km de Alejandría. A Marina se llega fácilmente en autobús desde Alejandría, desde el centro comercial El Moltaky o Sidi Gaber. Cerca se halla El Alamein, donde tuvo lugar la famosa batalla entre tropas británicas y germano-italianas entre el 23 de octubre y el 4 de noviembre de 1942. Resulta difícil imaginar aquellas mortíferas batallas en estas sublimes playas.

■ **NECRÓPOLIS DE MARINA EL ALAMEIN**

Un centenar de tumbas, cuatro de ellas subterráneas y todas de gran belleza arquitectónica, componen este recinto funerario. Algunas de las tumbas exteriores han conservado sus elegantes pilares, lo que ha permitido a los arqueólogos conocer mejor los ritos funerarios de Alejandría. Sabemos que la elección la sepultura estaba ligada al estatus social del difunto, y que tanto los niños como los adultos recibían el mismo tratamiento funerario (inhumación, momificación, etc.).

MARSA MATRUH

Marsa Matruh está considerada la mayor gobernación de Egipto, ya que abarca toda la costa noroccidental del Mediterráneo y desciende 400 km hacia el desierto libio. Conocida por sus playas de arena fina y aguas turquesas, Marsa Matruh es, sin duda, la localidad turística costera más bella de Egipto en el Mediterráneo.

OASIS

▬ OASIS DEL DESIERTO LIBIO ▬

SIWA ★★★

Desde hace más de dos mil años, el nombre de este oasis está asociado al de Alejandro Magno. Fue en el templo dedicado a Amón, en el corazón de este oasis, donde, en el año 331 a. C., los oráculos confirmaron la naturaleza divina de Alejandro, declarándolo hijo de Amón. Un veredicto útil para el conquistador, que legitimó su reinado sobre el Egipto de los faraones. Debido a su proximidad con la frontera libia, Siwa permaneció cerrada al mundo durante mucho tiempo, celosamente vigilada por el ejército egipcio. De hecho, este aislamiento, con fines militares, ha contribuido a preservar una identidad especial en Egipto. El camino hasta Siwa es largo.

Desde El Cairo, se tarda un día y otro tanto en regresar. En otras palabras, un viaje relámpago queda descartado. El oasis es inmenso y ofrece numerosos paseos entre palmerales y desiertos, salpicados de aguas donde disfrutar de un baño. Tenga cuidado, sin embargo, de comprobar que el agua corre y que se sabe que puede bañarse allí, ya que las amebas acechan en el agua estancada.

▶ **Zona desaconsejada oficialmente.**

■ RUINAS DE SHALI ★★★

Nada más llegar a Siwa, se topará inevitablemente con las ruinas de esta fortaleza, construida en el siglo XII para protegerse de los ataques de las tribus vecinas.

Los aldeanos abandonaron Shali en 1926, cuando las lluvias torrenciales desintegraron las casas hechas de barro salado y seco. Las autoridades egipcias intentan restaurar algunos de los edificios de esta antigua comunidad de habla bereber, pero de momento sigue siendo un laberinto fantasmagórico que resulta muy extraño explorar.

ZONA NO RECOMENDADA

En el momento de escribir esta guía (febrero de 2025), el Ministerio de Asuntos Exteriores desaconseja visitar la mayor parte de esta (preciosa) región de oasis. La mencionamos para los lugares principales y recomendamos a los viajeros que se informen antes de emprender un viaje al desierto occidental de Egipto. Por último, tenga en cuenta que los oasis aquí mencionados suelen estar separados por varios cientos de kilómetros.

BAHARIYA ⭐⭐

Situado en una depresión, el oasis de Bahariya, que comprende los pueblos de El-Qasr y Bawiti, está rodeado de montañas negras. La mayoría de los pueblos y tierras de cultivo se divisan desde el Jebel Al Mi'ysrah, de cincuenta metros de altura. Este oasis, comunicado con El Cairo por una excelente carretera asfaltada, está estratégicamente situado en el cruce de las carreteras de Siwa y Farafra, y comprende cuatro asentamientos dispersos en una vasta y escarpada depresión. Aquí abunda la fauna, sobre todo las aves. Famosa por sus manantiales, Bahariya también es conocida por sus recitales de música y poesía.

▶ **Zona desaconsejada oficialmente.**

DESIERTO BLANCO ⭐⭐

Viniendo de Bahariya, insólitas construcciones de piedra caliza reemplazan la arena amarilla y las rocas negras. Tienen forma de pirámides, champiñones, icebergs, islas flotantes o iglús. En pleno día, cuando el sol está en lo más alto, el efecto no es tan grandioso

Mar Mediterráneo

Salum

Matruh

Alejandría

Damietta

Meseta de Libia

Depresión de Qattara

EL CAIRO

Guiza

LIBIA

Siwa
Oasis de Siwa

Medinat al-Fayum

OASIS

Bawiti
Oasis de Bahariya

Menia

Gran Mar de Arena

Oasis de Farafra
Qasr Farafra

Asiut

Bir-Abu Mingar

Sohag

0   200 km

Desierto de Libia

Oasis de Dakhla
Mut

El Kharga   Hibis
Oasis de Kharga

Baris

como al atardecer o al amanecer, por lo que es imprescindible acampar allí una noche, y si se puede bajo la luna llena, se sentirá como en otro planeta. El desierto blanco es intemporal, y la luz crea un escenario nuevo y cautivador diferentes a lo largo del día.

▸ **Zona desaconsejada oficialmente.**

DAJLA (MUT)

Este oasis está formado por una quincena de pueblos, unidos por carreteras en su mayoría asfaltadas, donde las palmas (sus dátiles son famosos) se alternan con huertos de mangos y albaricoques, viñedos y huertas. Aquí hay menos desierto que en Farafra. Al igual que en Fayum, Dakhla goza de cierta prosperidad, una riqueza que procede del trabajo de la tierra y de su fertilidad. Rica en yacimientos y vestigios, Dakhla ofrece algunos paseos espléndidos en los alrededores de Mut, el pueblo principal.

▸ **Zona desaconsejada oficialmente.**

EL JARIYÁ

El Jariyá fue en su día la última y única parada del Camino de los Cuarenta Días, la infame ruta del comercio de esclavos entre África del Norte y lo que ahora es Sudán. Hoy es el mayor oasis del Nuevo Valle. Con sus urbanizaciones de hormigón y sus anchas avenidas barridas por el viento, bordeadas de edificios con fachadas monótonas, El Jariyá se anuncia de entrada como una ciudad nueva, más preocupada por desarrollar la tierra del Nuevo Valle que por cultivar las antiguas tradiciones. Solo las escasas casas de adobe del casco antiguo, que aún conservan un

© TOM PEPEIRA – ICONOTEC

VISITA

Mezquita de El-Kharga.

toque pintoresco, contrastan con esta imagen desoladora. La llegada masiva de colonos en busca de tierras y de nubios expropiados durante la construcción de la presa de Asuán ha terminado por dañar su identidad cultural. Sin embargo, aunque sea el menos interesante de los cinco oasis, posee una serie de atractivos que hacen que merezca la pena visitarlo. Las huellas de su pasado aún son claramente visibles en la presencia de un templo dedicado a Hibis (el más importante de los oasis). Una visita a la magnífica necrópolis cristiana de Bagawat no le dejará indiferente. La historia de El Jariyá es interesante, ya que fue desde aquí desde donde, hacia el 564 a. C., Cambises partió con un ejército de 50 000 hombres hacia Siwa y fue engullido por el Gran Mar de Arena.

▸ **Zona desaconsejada oficialmente.**

ZAAFARANA

Más al sur, a sesenta kilómetros de Ain Sujna, esta ciudad desértica solo interesa a los peregrinos que se dirigen a los monasterios de San Antonio y San Pablo.

■ MONASTERIO DE SAN ANTONIO ★★★

℘ +20 100 227 1432

San Antonio es considerado por el mundo cristiano uno de los fundadores del monacato (vida de reclusión en un monasterio), y vivió como ermitaño en el desierto. Durante mucho tiempo, su vida espiritual estuvo atormentada por batallas con el diablo. Cuando murió, a los 105 años, una comunidad se instaló cerca de su tumba, creando este monasterio. Fundado en el siglo IV, cuenta en la actualidad con una veintena de monjes coptos ortodoxos que viven de la oración y del trabajo manual e intelectual. Un lugar excepcional para los interesados en la espiritualidad.

■ MONASTERIO DE SAN PABLO ★★★

℘ +20 121 001 38 80

Lugar sagrado para los coptos ortodoxos de Egipto, se atribuye al ermitaño san Pablo que, como san Antonio, quería vivir lejos de la persecución romana de los cristianos. Se dice que un cuervo trajo al ermitaño media hogaza de pan durante los primeros sesenta días de su retiro en el desierto. Este milagro atrajo a jóvenes discípulos, que fundaron el monasterio tras su muerte en el siglo IV. La arquitectura defensiva del monasterio es impresionante, sobre todo su alto sistema de postigos, concebido para protegerse de numerosos ataques. Un lugar excepcional

EL GOUNA

Esta ciudad no existía hace treinta años. Levantada de la laguna (que es lo que significa su nombre en árabe) por la voluntad y la inversión de la familia más rica de Egipto, los Sawiris, el complejo que se ve hoy es un remanso de belleza comparado con su vecina Hurgada. El Guna es ante todo un pequeño pueblo con una plaza adoquinada alrededor de la cual, bajo arcadas de color ocre, hay instaladas *boutiques chic*. Como un caracol, el segundo círculo está formado por lujosos hoteles con su propia armonía arquitectónica y colores. Un poco más afuera, un campo de golf de hierba suave se burla del sol derrotado.

HURGADA

Menos conocida que Sharm el-Sheikh, Hurgada es una localidad turística costera egipcia que se extiende a lo largo de treinta kilómetros por el mar Rojo, una larga franja de arena bordeada de hoteles. Antigua aldea de pescadores, este centro turístico surgió de las arenas, al sur de la entrada del golfo de Suez, a principios del siglo pasado. Es un lugar muy conocido para los amantes del submarinismo, ya que su biodiversidad submarina es excepcional. Sekalla es un barrio moderno con tiendas y clubes de buceo uno detrás de otro. A orillas del mar, Hurgada está repleta de restaurantes, bares y disco-

Complejo hotelero en Hurgada.

VISITA

tecas, mientras que el barrio antiguo de El Dahar alberga cafés y zocos tradicionales egipcios. Entre dos días de playa o buceo, se puede variar con excursiones a las islas alejadas de la costa (Giftun, Mahmya), un paseo marítimo para nadar con los delfines, una vuelta en *quad* por el desierto, una visita al gran acuario, un viaje en fueraborda o un espectáculo en el hotel y palacio de las mil y una noches, Alf Leila wa Leila. Otras propuestas de ocio locales incluyen una visita al puerto deportivo, muy animado por la noche, con un paseo por el puerto en busca de los yates más hermosos y una parada para tomar un helado.

BAHÍA DE MAKADI

Situada a treinta kilómetros al sur de Hurgada, es una de las numerosas ciudades turísticas que han surgido por iniciativa de empresarios que creen que los proyectos privados son de mejor calidad que los experimentos urbanísticos estatales. Pueden presumir sin problemas de ser perfectas para pasar el tiempo como en una postal. En cuanto al resto, lo dejamos a su juicio.

SAHL HASHEESH

A solo quince minutos del aeropuerto internacional de Hurgada, Sahl Hasheesh es un enorme complejo turístico privado frente al mar Rojo. Si bien la seguridad es, obviamente, una necesidad, Sahl Hasheesh también tiene innegables ventajas para los veraneantes. De hecho, el pueblo está situado en una magnífica bahía y cuenta con casi nueve kilómetros de playas de postal. Aquí, el descanso es el rey: los que se lo toman con calma optarán por la trifecta de tumbonas, arena dorada y agua cristalina, mientras que los más valientes aprovecharán los numerosos deportes acuáticos: *windsurf*, kayak, *kitesurf*, *parasailing*, esquí acuático y, sobre todo, esnórquel y submarinismo. El pueblo está muy orientado al turismo familiar y ofrece muchas actividades y clubes para los más pequeños.

Los mayores pueden disfrutar de un cóctel en uno de los chiringuitos o dejarse mimar en el *spa*. Y, entre dos chapuzones en una de las innumerables piscinas, podrá sacar su bolsa de golf para trabajar su *swing* en uno de los dos campos de dieciocho hoyos del complejo, plantado en medio de las montañas y el desierto... Al atardecer, tampoco tendrá tiempo para aburrirse: después de cenar en uno de los muchos restaurantes con menús inspiradores, diríjase a los cafés de moda o a las discotecas locales. O tal vez prefiera pasear por las tiendas de artesanía y diseño que se han instalado en Sahl Hasheesh. En resumen, pensado para vivir la buena vida.

EL QUSEIR

A solo ochenta kilómetros al sur de Safaga y a 160 kilómetros del Nilo, El Quseir se encuentra en una ubicación ideal para combinar cultura y relajación. En la época faraónica, esta pequeña ciudad era uno de los principales puertos del mar Rojo. Aquí se descargaban las mercancías procedentes de Arabia, la India y África Oriental. Hatshepsut enviaba desde aquí sus barcos, que regresaban cargados de incienso y marfil. Más tarde, El Quseir se convirtió en el punto de embarque de los peregrinos a La Meca. Cuando se abrió el canal de Suez, cesaron todas las importaciones; los barcos ya no paraban aquí. Por el momento, el turismo no lo ha perturbado demasiado.

MARSA ALAM ★★★

Se trata de la población más meridional de la costa egipcia, en el mar Rojo, un pequeño pueblo pesquero a 132 kilómetros al sur de El Quseir. Lugar muy frecuentado por submarinistas, ha atraído a numerosos aficionados y amantes de la playa. Aún desconocida para el gran público unos quince años atrás, Marsa Alam se ha convertido en un destino más chic y exclusivo. Aunque sigue siendo bonito, el creciente número de hoteles que se han construido le han hecho perder su aire de «pueblo privilegiado».

© KETV V – SHUTTERSTOCK.COM

Playa en Marsa Alam.

SINAÍ DEL SUR

SANTA CATALINA ★★★★

Rodeado por todas partes de picos escarpados y enclavado en el fondo de un circo natural, sin más acceso que la única carretera utilizada por el hombre desde tiempos inmemoriales, el pequeño pueblo de Santa Catalina tiene poco interés en sí mismo. En medio del tradicional poblado beduino, han surgido una serie de construcciones parasitarias (hoteles, edificios administrativos, viviendas sociales, etc.). Este es el punto de partida de las vistas más grandiosas de los elementos y la naturaleza. Lo que verá desde el valle es sólo un anticipo de lo que descubrirá cuando cruce las primeras crestas rocosas circundantes. Los paisajes que le esperan allí arriba le encantarán.

Lo que es cierto para el Sinaí lo es aún más para las distintas cumbres de Santa Catalina: belleza de sus formas y colores es así de mágica. Quienes hayan asistido a catequesis, así como quienes se sepan de memoria los Diez Mandamientos, también reconocerán el monte Horeb. Disfrutar de estas maravillas conlleva el pequeño esfuerzo de madrugar y partir bajo un cielo estrellado para subir a la cima (siempre que no se duerma), a la que se llega cuando las primeras luces del sol iluminan el cielo. El papa Juan Pablo II tuvo el valor de ir allí a principios del año 2000, a la edad de ochenta años, ¡así que no se desanime! Si desea ver el amanecer y sube a buen ritmo, asegúrese de llevar algo de abrigo. Puede que tenga que esperar dos horas en la cima, y por la noche hace mucho, mucho frío. El monasterio cierra los domingos y los viernes solo abre de 11 a 12 h.

■ **MONASTERIO DE SANTA CATALINA** ★★★★

El monasterio de Santa Catalina, también conocido como monasterio de la Transfiguración, es un magnífico complejo situado a 1570 metros de altitud. Declarado Patrimonio de la Humanidad por la Unesco, es uno de los monasterios más antiguos del mundo que sigue en activo y, sin duda, uno de los mejores ejemplos de arquitectura bizantina. Casi todos sus muros datan de su construcción, ordenada por el emperador Justiniano en el 527. El monasterio estaba destinado a proteger a los ermitaños de los saqueadores. El arquitecto Esteban de Aila, encargado de la obra, eligió un emplazamiento en el que una capilla marcaba la ubicación de la zarza ardiente. Para evitar destruirlo, lo incorporó a la construcción de una nueva iglesia y protegió todo el conjunto con un poderoso muro de 2,6 m de grosor, creando así a la vez un monasterio y una fortaleza. Se dice que fue condenado a muerte y ejecutado por no situar el monasterio en la cima del monte Moisés.

Sin embargo, su elección resultó acertada, ya que el monasterio ha resistido los saqueos, los estragos del tiempo y los terremotos. Doscientas familias de Macedonia, Rumanía, Egipto y Arabia fueron enviadas para proteger a los monjes y administrar la casa. A partir de los siglos VIII y IX, los descendientes de estas familias se convirtieron en masa al islam, y hoy forman una tribu muy específica y localizada, los jebelyeh (habitantes de las montañas). Aunque musulmanes, reconocen la autoridad espiritual del arzobispo de Santa Catalina. A lo largo de su existencia, los edictos (algunos firmados por manos augustas, las del profeta Mahoma o el general Bonaparte, por citar solo los más famosos) han protegido a los monjes, que solo los beduinos han tenido alguna dificultad en respetar. La mayor amenaza vino de Egipto en el siglo XI, cuando el califa Hakim llegó al valle con la intención de arrasar el monasterio. Este gobernante fanático ya había destruido muchos edificios cristianos. Esta vez, sin embargo, renunció a sus planes en el último momento y, a cambio, obtuvo permiso para construir una mezquita dentro del propio monasterio. Durante la campaña de Egipto, Bonaparte hizo restaurar algunas partes del recinto, incluido el muro orientado al norte. La apertura de una puerta de entrada eliminó la necesidad del ascensor de madera que hasta entonces había sido el único medio de acceso al interior de las murallas. La riostra de madera y la polea siguen siendo visibles.

▶ **Alrededor de un tercio del edificio está abierto al público.** Verá la basílica, cuyas partes más antiguas datan del siglo VI. Además de su docena de macizas columnas de granito que representan a los doce apóstoles, es rica en magníficos iconos... Destaca el mosaico de la Transfiguración: creado en memoria de la esposa de Justiniano, sus 500 000 piezas datan del siglo VI. Pierre Loti describió así su conmovedora visita: «Se abren ante nosotros las dos hojas de una puerta de cedro tallada hace 1300 años y nos adentramos en el asombro de este lugar único en el mundo... A primera vista, nos deslumbra y desconcierta la profusión de candelabros y lámparas de plata... Nos sentimos sumergidos en un pasado ingenuo y magnífico, tan lejano y a la vez tan presente que inquieta la mente...»

▶ **La zarza ardiente** se encuentra fuera de la iglesia, delante del ábside. En el 2000, el papa Juan Pablo II vino a presentar sus respetos ante la zarza, la primera visita de un pontífice romano a tierras coptas ortodoxas. La capilla de la Zarza Ardiente, situada detrás del coro de la iglesia, se considera el lugar más sagrado de todo el monasterio. El altar se erige sobre las raíces de la zarza, lo que la convierte en el lugar más sagrado del monasterio. Al igual que Moisés, debe descalzarse antes de entrar.

▶ **Lo que no podrá ver:** el rico tesoro, formado por regalos de los devotos (cálices de oro, candelabros, cruces episcopales, etc.); la mezquita, el refectorio, la colección de iconos (se dice que hay más de 2000); y la biblioteca, considerada la segunda del mundo, después de la del Vaticano, en cuanto a manuscritos e incunables. Contiene más de 32 000 manuscritos, la mayoría de ellos escritos o copiados por los monjes del monasterio a lo largo de los siglos (visitas disponibles previa solicitud). Para preservar sus archivos, la institución ha emprendido tarea de digitalizar todos sus documentos. No se sorprenda si no oye las nueve campanas donadas por la Iglesia rusa: solo suenan en ocasiones especiales. Diariamente una campana de madera marca el ritmo de la jornada. La comunidad del monasterio está formada por una veintena de monjes, bajo la dirección de su abad, único en el mundo ortodoxo por ser autocéfalo (cabeza independiente). De hecho, desde que un decreto imperial les concedió este privilegio, el abad del monasterio no está sujeto a ninguna jurisdicción superior a la suya. Pertenece a la Iglesia ortodoxa griega, cuyo patriarca no tiene, en principio, ninguna autoridad sobre el abad del monasterio.

▶ **Fuera del recinto hay un osario.** Son los restos de los monjes fallecidos en el monasterio. Para no malgastar la poca tierra cultivable de que disponían, los monjes solo tenían un cementerio muy pequeño. Allí eran enterrados y, unas décadas más tarde, sus huesos se depositaban en esta sala. El osario se cerró a los visitantes en 2020.

■ MONTE DE MOISÉS O MUSA ★★★★

Según las religiones del Libro, fue en la cima de este monte donde Moisés recibió las Tablas de la Ley. Algunos suben por fe, ya sea cristiana o judía, mientras que otros lo hacen por puro placer. Sea cual sea su motivación, el empinado camino hasta la cima es de una belleza impresionante y el panorama final, sobrecogedor. Debe prever entre dos y tres horas para la subida. Se conoce especialmente por sus amaneceres y sus puestas de sol, que atraen a las multitudes. Para muchos sigue siendo una experiencia única, pero no estará solo. También se puede dormir bajo las estrellas en la cima del monte de Moisés, teniendo en cuenta que en

invierno hace mucho frío y no es raro que nieve. Cuidado con las caídas en los escalones resbaladizos por la escarcha. En verano, mucha gente pasa la noche en la cima, por lo que es necesario «marcar» su sitio, pero el ambiente sigue siendo agradable y relajado. En temporada alta, los que prefieran un ambiente más tranquilo es mejor que suban a media mañana, cuando el lugar, desierto de visitantes, ha recuperado su calma y su esplendor natural. No obstante, no olvide llevar agua suficiente, ya que el termómetro sube muy deprisa.

Para la primera parte de la ascensión, puede elegir entre dos caminos que se encuentran a veinte minutos de la cima: o bien la pista de camellos (en suave pendiente hasta el cruce), que es la ruta habitual a seguir en la subida, o bien los escalones (unos 300), que es mejor tomar en la bajada. En ambos casos, el camino está despejado y señalizado con botellas de plástico (a la derecha, un poco más atrás del monasterio, la ruta de los escalones; todo recto, en una ancha franja de tierra, el sendero de los camellos). En la cima hay una pequeña capilla dedicada a la Santísima Trinidad y una mezquita construida sobre la cueva en la que Moisés permaneció cuarenta días. Al norte, en primer plano, el macizo de Freia y detrás, mucho más lejos, la inmensa meseta de Tih, tan temida por los beduinos por su falta de agua. Al este, el golfo de Áqaba y, en un día muy claro, las estribaciones de Arabia Saudí, otro mundo. Al suroeste, la enorme y soberbia mole del monte Santa Catalina (2637 m). Incluso se puede vislumbrar la capilla en el horizonte.

Hay una condición previa para esta ascensión: ir acompañado de un guía local. Si va muy cargado, también puede alquilar un camello.

RESERVA NATURAL DE SANTA CATALINA

Esta reserva natural, clasificada como parque nacional desde 1996, abarca 5700 km². Sorprende a los viajeros por la belleza de sus paisajes, con cañones, acantilados y montañas de granito rosa. Alrededor de los montes Santa Catalina y Moisés, fue necesario proteger las mil especies de flora, así como especies raras como la cobra, la salamanquesa, el zorro del desierto, el leopardo del Sinaí, el órice de montaña, la gacela dorcas y la pantera *Pardus jarvisi*.

DESIERTO AZUL

Lugar muy extraño y hermoso, esta piedra coloreada artificialmente de azul debe visitarse al principio o al final del día, ya que el sol del mediodía esconde sus colores. Se trata de una obra de arte humana que puede ser cuestionada, sobre todo por los ecologistas.

Al parecer, a los beduinos les gustó mucho. No se quejan, pues creen que el azul ahuyenta el mal de ojo. Sujeta a la erosión, es una obra de arte perecedera sobre la que la naturaleza reclama poco a poco sus derechos. Encargada por Sadat en 1978 para conmemorar los acuerdos de Camp David, fue creada por Jean Vérame, de origen belga.

OASIS DE FEIRAN

En la carretera de El Cairo, a pocos kilómetros de Santa Catalina, se encuentra el oasis de Feiran, el más grande del Sinaí. Según el Antiguo Testamento, estaba en la ruta que siguió el pueblo judío durante el éxodo, y fue aquí donde Moisés rezó desde lo alto de uno de los picos que dominan el valle. Hoy, poblado por beduinos sedentarios, alberga un pequeño monasterio ortodoxo griego, rodeado de un jardín de palmeras y cítricos (saliendo del pueblo, a la derecha). La carretera de Santa Catalina a Nuweiba es preciosa. A pocos kilómetros del cruce Nuweiba-Dahab, no hay que perderse un campamento beduino «turístico» a la derecha.

SHARM EL-SHEIKH

Antes de dirigirse a Sharm, conviene recordar que es uno de los principales destinos de buceo del mundo, no solo de Egipto, sino de todo el mundo. Su bien merecida reputación justifica su éxito. De sur a norte, la ciudad está dividida en barrios. Primero está el puerto, llamado Sharm el-Maya; una zona residencial llamada El-Habada; la famosa Naama Bay, que alberga los hoteles «históricos» de la ciudad; y la más reciente Shark's Bay, donde se encuentran los hoteles más lujosos. Las playas son propiedad exclusiva de los hoteles.

© ELENA PAVLOVICH - SHUTTERSTOCK.COM

Charm El-Cheikh.

PARQUE NACIONAL RAS MUHAMMAD

A veinte kilómetros al sur de Sharm, en la carretera de El-Tor, se encuentra un lugar excepcional con una fauna submarina tan variada que el gobierno egipcio lo ha declarado parque nacional para protegerlo de los estragos de la caza y el expolio de corales. Menos mal que son estrictos, si no Ras Muhammad no sería lo que es: una confluencia mágica entre el desierto y el mar. El agua es tan clara que uno se marea al ver las pozas. Miles de especies de peces de todos los colores conviven sin parecer inquietarse por la presencia de visitantes. No es raro cruzarse con «peces de gran calibre» como barracudas o rayas gigantes, que son muy juguetonas. Sin embargo, no es aconsejable jugar con ellos. De hecho, lo mejor es informarse con antelación sobre los peces del mar Rojo que pueden hacerle daño: peces escorpión, morenas, peces piedra, etc. El sitio es enorme. Por muy concurrido que esté, siempre se puede encontrar una playita tranquila.

RESERVA NATURAL DE NABQ

Situada a 35 km al norte de Sharm el-Sheikh, esta reserva abarca 600 km². Corales, manglares de *Avicennia marina,* 134 especies vegetales, oryx, gacelas y garzas son las principales especies protegidas aquí. También hay manglares que sobreviven en el mar gracias a sus raíces y a los manantiales de agua dulce cercanos. Nabq, en el golfo de Áqaba, es un lugar ideal para observar aves.

DAHAB ⭐⭐⭐

Dahab, que significa «oro» en árabe, recibió su nombre por el color de su arena o, según otras fuentes, en

Dahab.

referencia al paso del tiempo, *zahab* que significa «pasado» en árabe. Originalmente, Dahab no era más que un pequeño pueblo de pescadores al borde de un oasis donde se practicaba un poco la agricultura. La tradición de acoger beduinos ha perdurado hasta nuestros días... Durante la ocupación israelí, este pueblo se convirtió en el lugar favorito de la juventud. Los jóvenes israelíes, sobretodo fiesteros y sin dinero, le habían echado el ojo al centro del pueblecito. Allí surgieron poco a poco multitud de hoteles donde se podía fumar marihuana en la playa hasta altas horas de la madrugada. Una advertencia: aunque parezca reinar un ambiente de despreocupación, ahora está estrictamente prohibido introducir, vender o consumir drogas (blandas o duras) en Egipto. Una infracción de este tipo se castiga con duras penas, así que no tiene sentido tentar al diablo. A buen entendedor... Hay que decir que la época *hippy* de Dahab ha pasado, y quienes pasaron por aquí hace unos quince años ya no reconocerán el lugar. La cornisa está pavimentada y equipada con farolas, los camellos y los caballos ya no pueden utilizarla, los campamentos han dado paso a hoteles más elegantes y los restaurantes ahora están impecables, pero son más caros.

▸ **Dahab hoy.** Las restricciones de seguridad combinadas con el deseo de desarrollar un turismo más lucrativo han cambiado la especial atmósfera histórica de este lugar. Pero el ambiente sigue siendo muy agradable. Un punto muy positivo es que no hay acoso por parte de los vendedores. Hoy en día, Dahab es un exitoso crisol de culturas: beduinos, por supuesto, pero también

egipcios de El Cairo, europeos, israelíes y gentes de todas las nacionalidades deambulan por las calles y callejuelas de este singular centro turístico. Aquí se respira una apreciable sensación de libertad en comparación con el resto de Egipto, y es mucho más auténtico y acogedor que Sharm el-Sheij. Después, podrá bañarse donde quiera, algo que, por desgracia, no suele ocurrir en los complejos turísticos del mar Rojo. Alquile aletas, gafas y tubo y adéntrese en el mar hasta el arrecife de coral. Si es un buceador empedernido, hay varios clubes en la ciudad que ofrecen sus servicios. Por último, pero no por ello menos importante, Dahab es un lugar magnífico, como la mayor parte de la costa, donde las montañas caen directamente al mar. Y aunque el centro está inundado de turistas con un aspecto internacional uniforme, la ciudad no ha perdido su alma, sino todo lo contrario: aquí se respira un ambiente único, volcado hacia el mar Rojo y el mundo.

NUWEIBA

Originalmente un simple campamento beduino, se ha expandido y ha crecido en importancia. Aunque tardó algo más en desarrollarse como destino turístico que Dahab, ahora es uno de los paisajes más bellos de la costa. Las montañas están muy cerca y parecen precipitarse en el mar bordeado de palmeras. Si dispone de vehículo, puede incluso subir por la carretera hacia el norte para bañarse en los fiordos, todavía salvajes y hermosos. En el lado de Tarabin, esta playa sigue siendo la más tranquila y limpia. Aquí hay tantas playas de arena fina como en otros lugares, pero están mejor conservadas y son mucho más tranquilas.

© ENNARI - SHUTTERSTOCK.COM

Parque Natural de Ras Abu Gallum.

TABA ⭐

El último enclave israelí, devuelto por Israel en 1989, sirve de puesto fronterizo entre ambos países.

El pueblo de Taba solo existe oficialmente desde principios del siglo XX. Aquí, las instalaciones del complejo se integran agradablemente en un entorno natural protegido: desierto, montañas color canela y un mar perfecto para nadar y bucear.

El complejo es muy frecuentado por israelíes, que vienen a disfrutar del casino y de los deportes acuáticos. En los alrededores se pueden observar numerosos mamíferos, reptiles y aves, así como grutas y manantiales naturales.

PARQUE NATURAL DE RAS ABU GALLUM ⭐⭐⭐

Situado en el noreste del sur del Sinaí, cerca del golfo de Áqaba, el Parque Natural de Ras Abu Galum tiene una superficie de 500 km². Existe desde 1992. Es un paraíso para los amantes de la fotografía y los paisajes suntuosos, con el azul celeste del mar codeándose con el granito de las montañas vecinas, cuyas laderas son bañadas por las olas. Los arrecifes de coral y los manglares están especialmente protegidos. Se han registrado nada menos que 167 especies vegetales, 44 de ellas específicas de esta reserva. La fauna incluye hienas, órice, cobras negras y víboras cornudas (*Cerastes cerastes*).

SINAÍ DEL NORTE

En el momento de imprimir esta guía, el Ministerio de Asuntos Exteriores desaconseja visitar todo el norte del Sinaí, al norte de una línea que va de Suez a Taba. No hay instalaciones turísticas ni alojamientos.

INFO PRÁCTICA

INFO PRÁCTICA

Dinero

▸ **Moneda.** La moneda nacional es la libra egipcia (LE) dividida en 100 piastras (PT). En inglés se dice *pound* y *piaster,* en árabe *guineh* e *irch.* Hay billetes de 1, 5, 10, 20, 50, 100 y 200 LE, y de 50 PT, así como las monedas de uso más común de 5, 10, 25 y 50 PT y 1 LE.

▸ **Tipo de cambio.** 1 € = 52,91 LE / 10 LE = 0,019 € (enero de 2025).

▸ **Coste de vida.** La vida en Egipto sigue teniendo un coste del 60 % inferior al de España.

▸ **Formas de pago.** En efectivo y tarjetas bancarias.

▸ **Regatear.** El principal problema al que se enfrentará durante su estancia es que los precios no son fijos, por lo que tendrá que regatear mucho. Es el caso de los taxis (aunque esto está mejorando en El Cairo), las felucas, los recuerdos, algunos hoteles (que fijarán el precio cuando le vean llegar), y los restaurantes, que a menudo no tienen carta ni precios a la vista (pregunte antes de pedir, si no será demasiado tarde). Es fácil darse cuenta de que su interlocutor intenta aprovecharse de su ignorancia. Pero como a nadie le gusta que le tomen el pelo, deberá resistir con más o menos ímpetu.

▸ **Propinas.** Dar propinas es una práctica habitual, incluso esperada. Se dejan entre 5 y 10 LE en un café baladí, y el 10 % de la cuenta en un restaurante.

Equipaje

En la medida de lo posible, intente llevar solo algodón (para el calor, no hay nada mejor). En invierno, no olvide jerseys, bufandas, calcetines y un cortavientos (puede hacer mucho frío). La gorra y las gafas de sol son especialmente útiles para visitar los yacimientos. Es muy recomendable llevar calzado ligero adecuado para caminar. Recuerde llevar una sábana o, mejor aún, un saco de dormir, ya que las sábanas de los hoteles económicos son de mala calidad, así como tapones para los oídos y una antifaz para los ojos si le da molesta la luz. ¡Cuidado en como se vista! Fuera de la playa, no se recomiendan los pantalones cortos ni el camisetas de tirantes. Basta con unos pantalones ligeros o una falda larga. Lleve siempre algo para ponerse si lleva los hombros descubiertos (por ejemplo, si va con una camiseta de tirantes finos). Sin esto, no podrá visitar ciertos lugares turísticos, como mezquitas o iglesias. Puede ser ligero, pero decente. Así irá más tranquilo. Por último, asegúrese de utilizar protección solar biodegradable con filtro mineral en lugar de químico para proteger los corales.

Electricidad

Hasta la aldea más pequeña en lo profundo de un oasis tiene electricidad (220 V). Los enchufes son los mismos que en España, pero, curiosamente, suelen haber problemas para conectarlos. Lleve consigo un pequeño adaptador, ya que puede resultar útil.

QUÉ HACER / QUÉ NO HACER

▶ **Saludos.** Por regla general, siempre le saludarán con cortesía. Responda con la misma sencillez. Si le preguntan tres veces cómo está, responda que todo va bien, «El Hamdulillah», es decir, «gracias a Dios», y exprese la misma preocupación por su interlocutor, sus hijos, su trabajo, su vida y, con menos frecuencia, su mujer. Un hombre estrecha la mano de un hombre o le da un abrazo franco acompañado de ruidosas palmadas. Un hombre suele saludar a una mujer desde la distancia, inclinándose o dándole la mano si ella le invita.

▶ **Gestos ofensivos.** En general, asegúrese de ir correctamente vestido (cubriendo su cuerpo). Es decente que los hombres lleven pantalones, y que las mujeres eviten llevar las piernas y los hombros al aire, excepto en la playa, por supuesto. Sin embargo, cada vez más jóvenes acomodados de la ciudad van con pantalones cortos en verano.
Cuando salen, los egipcios se esfuerzan para arreglarse. Es posible que le nieguen la entrada a ciertos restaurantes, pubs, campos de golf y la ópera. Al sentarse, es de mala educación mostrar las suelas de los zapatos a la persona que se sienta a su lado. Es un gesto muy irrespetuoso. También notará que las parejas se muestran poco afectuosas en público.

▶ **Días que debe evitar visitar.** Los días festivos, como el final del Ramadán, Eid al-Kebir, Sham al-Nessim, el 6 de octubre y los viernes, deben evitarse si se desea visitar determinados lugares, como las pirámides de Guiza o Saqqarah, el Museo Egipcio o las cornisas del Nilo. Los lugareños aprovechan estos días para acudir en masa a estos sitios y lugares públicos, y no podrá apreciarlos en su totalidad.

Formalidades

Para entrar en Egipto se necesita, además del pasaporte, un visado de turista (una entrada, validez máxima de 1 mes, por 25 USD). Puede solicitarse a las autoridades diplomáticas egipcias en España, en concreto en la embajada de Egipto en Madrid, o en línea en visa2egypt.gov.eg (la solicitud debe presentarse al menos siete días antes de la salida), pero lo más fácil es comprarlo a la llegada en uno de los aeropuertos internacionales de Egipto.

Idiomas

Evidentemente, los egipcios hablan árabe egipcio, que es diferente del de Oriente Próximo o el norte de África (aunque todo el mundo puede entender a los egipcios, lo que no siempre ocurre a la inversa). El árabe hablado es dialectal y varía algo de una región a otra. El inglés se habla habitualmente en las zonas turísticas. La mayoría de los mayores de 25 años han estudiado francés como segunda lengua, pero como nunca lo practican, las pocas palabras que han aprendido se pierden rápidamente.

Cuándo ir

Por regla general, el clima es idílico entre octubre y mayo, terriblemente cálido en junio y julio, y caluroso en agosto y septiembre.

▶ **En primavera,** un viento predominante del suroeste (el *khamsin* o «50», ya que se supone que sopla durante cincuenta días) calienta todo el país. Caluroso y seco, a veces sopla con violencia (de 100 a 120 km por hora) y puede provocar numerosos retrasos en el transporte aéreo y por carretera (carreteras encenagadas, pistas deslavadas, etc.). El tiempo es agradable de Alejandría a Asuán.

▶ **A partir de junio,** el termómetro sube hasta temperaturas sin sentido (40, 42, 44 e incluso 50 °C algunos días en el Alto Egipto). Luxor y Asuán se vacían, mientras que los visitantes acuden en masa al Sinaí y a la costa. Cualquier actividad que no sea nadar se vuelve rápidamente insoportable.

▶ **Desde finales de agosto hasta principios de noviembre,** la temperatura vuelve a ser soportable en el Alto Egipto y muy agradable en la costa.

▶ **El invierno** es muy agradable en Asuán y Luxor, pero puede ser gélido en El Cairo y Alejandría. Esto se nota sobre todo por la noche, ya que muy pocos lugares disponen de calefacción adecuada. Quienes acampen en el desierto deben tomar precauciones y no dejarse atrapar por las temperaturas muy suaves del día.

Salud

En Egipto, además del sol, la contaminación atmosférica es un riesgo si padece alergias, asma o problemas respiratorios. También conviene llevar repelente para evitar las picaduras de mosquitos, portadores de enfermedades víricas. Egipto es uno de los países afectados por la epidemia de gripe aviar. Tenga cuidado al viajar. Asegúrese de que sus vacunas, obligatorias en España, están al día. Se recomienda vacunarse contra la hepatitis A. También debe vacunarse contra una serie de enfermedades, como la fiebre tifoidea, la rabia y la hepatitis B, como medida preventiva para una estancia prolongada en condiciones potencialmente precarias. Ya no hay paludismo en Egipto.

Seguridad

En 2024, habida cuenta del contexto de seguridad regional (desarrollo del terrorismo), el Ministerio de Asuntos Exteriores (MAE) le recuerda que está formalmente desaconsejado viajar por la zona desértica desde la frontera egipcio-libia hasta la frontera egipcio-sudanesa. Esta zona está clasificada como roja, al igual que la península del Sinaí (a excepción de la franja costera que va de Sharm el-Sheij a Taba).

▶ **Sin caer en la imprudencia o la paranoia, manténgase informado** en tiempo real y sea responsable. Va a un país que de vez en cuando es víctima de convulsiones, y hay que decir que la situación de seguridad se ha deteriorado un poco desde la revolución de 2011. La seguridad en torno a los hoteles ha sido especialmente estricta, y los principales establecimientos cuentan con fuertes barricadas. No se deje intimidar: al fin y al cabo, es por su propia comodidad. No se asuste por los controles de equipaje que se pedirán a la entrada de todos los museos y hoteles. En las semanas previas a su partida, es imprescindible que se mantenga informado sobre un posible recrudecimiento de los actos terroristas y las regiones donde se cometen. Egipto es lo suficientemente grande como para que pueda disfrutar de una estancia agradable, evitando al mismo tiempo las zonas peligrosas. Por su parte, el gobierno egipcio hace todo lo posible para garantizar su seguridad en el Alto Egipto. Esto se traduce en una impresionante presencia policial, pero también en restricciones que dificultan cada vez más los desplazamientos individuales por esta región. No será consciente de ello mientras permanezca en Luxor o Asuán. Pero si tiene intención de salir de estas ciudades, pregunte a la policía turística por los medios de transporte que puede utilizar. Es posible que tenga que llevar una escolta policial más o menos discreta (la que había entre Luxor y Asuán se ha suprimido). A veces, tendrá que esperar a que salga un convoy para ponerse en marcha. Otras veces, se le proporcionará una protección especial digna de un jefe de Estado (menor).

▶ **Viajeros con discapacidad.** Egipto no es un país fácil para los viajeros con movilidad reducida. Hay pocas instalaciones, salvo en los hoteles de calidad. Los museos, salvo el de Mahmoud Khalil y el Copto, carecen de accesibilidad.

▶ **Viajeros LGTBI.** Egipto no es oficialmente *gayfriendly* y sería inapropiado hacer ninguna afirmación. En cuanto a la homosexualidad, Oriente Medio es más sutil que Occidente: todo vale siempre que se respete la discreción. Esta es la norma común a seguir. Los jóvenes homosexuales que salen del armario públicamente se arriesgan al ostracismo o la estigmatización.

▶ **Viajar con niños.** Todos los hoteles y resorts del mar Rojo ofrecen actividades acuáticas para niños. Algunos de los hoteles más modernos de Luxor también organizan excursiones para niños y talleres arqueológicos. En El Cairo, la Aldea Faraónica es especialmente divertida para los más pequeños, y les dejará gratos recuerdos.

▶ **Mujeres solas.** Tenga en cuenta que las mujeres europeas, acompañadas o solas, suelen ser objeto de cierto interés y atención, a menudo molesta.

Teléfono

La mayoría de los egipcios tienen teléfono móvil. El 3G y el 4G a veces funcionan mejor que el wifi público. Las líneas son algo caprichosas. En los oasis, no conseguirá nada ni subiendo a lo alto de una palmera, ya que la cobertura no suele ser buena.

▶ **Códigos telefónicos:** 02 (El Cairo) – 03 (Alejandría) – 066 (Puerto Saíd) – 064 (Ismailía) – 062 (Suez) – 069 (Sharm el-Sheij) – 068 (El Arish) – 046 (Siwa) – 086 (Menia) – 095 (Luxor) – 097 (Asuán) – 011 (Bahariya) – 092 (Jarga) – 065 (Hurghada) – 084 (Fayum).

▶ **Para llamar desde España a Egipto:** 00 20 + el número teléfono (incluido el prefijo, sin el 0 local).

▶ **Para hacer una llamada local:** marque directamente el número de teléfono sin introducir el prefijo internacional egipcio.

▶ **Para llamar desde Egipcio a España:** 00 34 + el número teléfono completo.

ÍNDICE DE CONTENIDOS

■ L - M ■

■ N - O ■

■ P ■

■ R - S ■

■ T ■

INFO PRÁCTICA

■ U - V - Z ■

EDICIÓN

Coordinación de la colección:
ALHENAMEDIA, Stéphan SZEREMETA, Dominique AUZIAS y Jean-Paul LABOURDETTE

Autores: Laureen DUCHESNE, Aude TROSSAT, Ariane LAVRILLEUX, Charlotte FICHEUX, Jean-Paul LABOURDETTE, Dominique AUZIAS y otros

Director editorial: Francisco BARGIELA

Editora: Elena CODINA

Traducción y corrección: Júlia PEY

DISEÑO Y DIAGRAMACIÓN

Maquetación y montaje: María de los Llanos ZOTES, Romain AUDREN, Julie BORDES, Delphine PAGANO

Iconografía y cartografía: Anne DIOT, Julien DOUCET

AUTORES Y CREADORES DE LA COLECCIÓN

Dominique AUZIAS y JEAN-PAUL LABOURDETTE

© Textos: Dominique AUZIAS
y JEAN-PAUL LABOURDETTE

© Mapas: Petit Futé

© Edición en español: Alhena Fábrica
de Contenidos y Petit Futé

© Traducción: Alhena Fábrica de Contenidos
y Petit Futé

Editado por **Alhenamedia** conjuntamente con **Les Nouvelles Editions de l'Université**, 18, rue des Volontaires, París, Francia.

Publicado originalmente en Francés por Les Nouvelles Editions de l'Université bajo el título *Égypte*.

■ CARNET DE VIAJE EGIPTO ■

ALHENAMEDIA
C/ Rabassa, 54, local 1. 08024 Barcelona
Tel. +34 934 518 437
alhenamedia@alhenamedia.info
www.alhenamedia.info
Cubierta: *Ciudad Antigua de Petra.*
© Cinoby - stock.adobe.com
ISBN: 978-84-18086-62-5
Depósito legal: B-5183-2025
Impreso en España por
Gráficas Lidergraf